KB067642

그룹코칭

그룹 코칭

초판 1쇄 발행_ 2013년 11월 13일

지은이_ 코칭경영원 코치시대
펴낸이_ 이성수
주간_ 박상두
편집_ 황영선, 이홍우, 박현지
본문디자인_ 이세영
마케팅_ 이현숙, 이경은
제작_ 박홍준
인쇄_ 천광인쇄

펴낸곳_ 올림
주소 | 07983 서울시 양천구 목동서로 77 현대월드타워 1719호
등록 | 2000년 3월 30일 제2021-000037호(구:제20-183호)
전화 | 02-720-3131 | 팩스 | 02-6499-0898
이메일_ pom4u@naver.com
홈페이지_ www.ollim.com

ISBN 978-89-93027-51-8 03320

이 도서의 국립중앙도서관 출판시도서목록(CIP)은 서지정보유통지원시스템 홈페이지(http://seoji.
nl.go.kr)와 국가자료공동목록시스템(http://www.nl.go.kr/kolisnet)에서 이용하실 수 있습니
다. (CIP제어번호 : CIP2013022871)

최고의 조직을 만드는 집단지성의 힘

그룹코칭

GROUP COACHING

고현숙 | 김무환 | 김해동 | 민은홍
박현주 | 서유순 | 선현주 | 오무철
오철숙 | 존 윤 | 이한주 | 최성학
최재호 | 한상욱 | 황영규

코칭경영원 코치시대

그룹은 코칭으로 강해진다!

나뭇가지 하나를 꺾을 때 1만큼 힘이 든다면 두 개가 겹쳐진 것을 꺾으려면 2배가 아닌 3배 정도의 힘이 든다. 둘이 합치면 힘이 강화되기 때문이다. 사람도 그렇다. 집단과 조직을 만들어 함께 일하면 개인 역량의 단순 합 이상을 만들어낸다. 혼자서는 할 수 없던 일을 이루어내고 각자 하던 것의 합보다 훨씬 뛰어난 결과물을 만들어낸다. 이것이 그룹의 시너지다.

최근 코칭이 많이 알려지고 도입되면서 그룹 코칭에 대한 관심도 함께 높아지고 있다. 단체교육은 조직의 한 방향 정렬을 위한 교육이고 일대일 코칭은 개인별 맞춤형 역량 개발 방법론이라면, 그룹 코칭은 이 둘의 장점을 결합한 것이라고 할 수 있다. 대개 참가자가 8명을 넘지 않는 한 그룹이 코치와 함께 일정 기간 정기적인 세션을 하면서 이루어지는 그룹 코칭은 각자에게 요구되는 개발 목표를 함께 달성해가는 통합적인 과정이다.

일대일 코칭이 파워가 있는 것은 코칭을 받는 사람이 코치로부터 가르침을 받는 수동적인 학습자가 아니라 능동적이고 자발적인 주인공으로서 해결책을 찾아나가기 때문이다. 그룹 코칭도 '코칭'이다. 역시 강한 파워를 갖고 있다. 또한 단체교육과 달리 그룹 코칭에서 코치는 참가자들이 스스로 성찰하고 결심하도록 지지하는 역할을 하면서 그들의 자발성을 장려한다. 한편 그룹 코칭은 본질적으로 코칭이면서 형태는 그룹으로 진행되기 때문에 일대일 코칭에서는 얻을 수 없었던 동료들과의 공감 형성, 상호 협력과 학습, 조직 문화의 한 방향 정렬 같은 집단 수준의 장점을 갖게 된다.

이런 점에서 인재의 역량 개발에 관심이 있는 모든 사람들에게 그룹 코칭은 매우 매력적으로 다가올 것이다. 오늘날 많은 조직이 상명하복의 획일화된 문화에서 벗어나 자발성과 창의성을 발휘하는 조직으로 변화하고자 노력하는 상황에서 그룹 코칭은 코칭의 파워와 그룹의 장점을 결합함으로써 보다 효과적으로 인재 양성에 기여할 수 있다. 무엇보다도 그룹 코칭은 단체교육의 효과에 의문을 갖게 하는 고질적인 문제, 즉 교육에 대한 만족도는 높은데 일하는 현장에서는 실천하지 않는다는 '불편한 진실'을 해결해준다.

단체교육에서 학습은 지식 습득이나 일회적인 자극에서 끝나버리기 쉽지만, 그룹 코칭은 실행을 통해 배우고 배운 것을 다시 학습하는 과정이다. 그룹 코칭 세션에서 동료들과 함께 고민을 나누며 토의하고, 집단지혜를 발휘하며 뭔가를 깨닫게 되고, 이것이 실행 계획으로 만들어진다. 각자의 현장으로 돌아가 이를 실행하고, 다음 세션에서는 현장에서 실행하며 얻은 것과 도전사항을 나누며 한층 더 성숙한 심화학습으로 발전해가는 것이다.

그룹 코칭을 제대로 이끌 수 있는 코치의 역량은 어떤 것일까? 일대일 코칭에서 많은 경험을 쌓은 코치라 하더라도 그룹 코칭 상황에서 훌륭한 코치 역할을 하는 것은 쉬운 일이 아니다. 그룹 코칭을 이끄는 데는 기본적인 코칭 역량 외에 그룹원들의 역학관계를 파악하고 관리할 수 있는 통찰력, 그룹의 에너지를 높이면서 초점을 유지할 수 있는 퍼실리테이팅 능력, 전체의 목표를 효과적으로 달성하게 만드는 책무관리 역량 등 그룹 코칭을 효과적으로 진행할 수 있는 통합적인 역량이 추가로 요구된다. 이러한 그룹 코치로서의 역량과 스킬을 정리하여 독자들과 공유하는 것이 이 책의 일차적 목적이다.

그동안 그룹 코칭을 어떻게 진행하느냐는 질문을 많이 받았다. 물론

이 질문에 한 가지 정답만 있는 것은 아니다. 하지만 현재까지의 경험과 이론을 정리하여 하나의 표준을 제시할 수는 있을 것이다.

　이 책의 필자들은 최근 한국에서 가장 많은 그룹 코칭을 현장에서 수행한 코치 집단이다. 코칭경영원의 코치들은 지난 2, 3년간 200개 이상의 조직에 대한 그룹 코칭 프랙티스를 집중적으로 쌓았다. 그룹 코칭에 참여한 중역, 팀장 등 참가자 수는 거의 1,000명에 이르며, 그룹 코칭 시간은 연 3,200시간 이상이다. 코치진으로 참여한 30여 명의 코치들이 그룹 코칭에서 새롭게 시도하고 평가하고 개선해가면서 나름대로 한국의 조직 상황에서 효과적으로 작동하는 표준적인 그룹 코칭의 프로세스를 어느 정도 정립했다고 생각한다. 그 집단적인 경험을 총정리한 결과가 이 책이다. 현장의 그룹 코칭 실행 결과를 반영했다는 점에서 이 책은 이론과 그럴듯한 가설로만 이루어진 여타의 그룹 코칭론과는 질적으로 다른 의미가 있다.

　사실 이 책도 그룹 코칭의 산물이라고 할 수 있다. 처음에 코치로서의 역량을 높이고 코칭 프로젝트를 함께하기 위해 15명의 코치가 모여 그룹을 형성했다. 그룹 이름을 '코치시대'라 붙이고, 1년 동안 격주로 그룹 코칭을 진행하기로 했다. 우리가 세운 공동의 목표는 3가지였다. 첫째,

각자의 코칭 역량을 높이는 것, 둘째, 실제 코칭 프로젝트를 수행하면서 기업 코치로 성장하는 것, 셋째, 그룹으로서 성과물을 만들어내는 것. 바로 이 세 번째 목표가 이 책으로 결실을 보게 되었다.

필자들은 1년 동안 코칭경영원에서 코치시대라는 이름으로 만나 서로에게 동료가 되어주고, 코치가 되어주고, 스승이 되어주었다. 각자의 고민을 풀어놓고 경험을 나누고, 비즈니스 도전사항이 있으면 마스터마인드그룹으로 함께 해결해나가면서 행복하게 1년을 보냈다. 한마디로 감동적인 그룹 코칭의 과정이었다.

훌륭한 그룹 코칭은 감동이 있어야 하고 영감을 불러일으켜야 한다고 생각한다. 책을 쓴 우리들이 그런 그룹 코칭의 정수를 체험하면서, 또한 코치로서 각자의 그룹을 리드해가면서 얻은 지혜를 정리했으니 나름의 가치는 있을 것이다.

이 책이 그룹이나 팀을 이끄는 모든 이들에게 도움이 되길 바란다. 코치들은 물론이요, 크고 작은 조직을 이끄는 리더들, 팀장과 임원, 경영자뿐 아니라 교실에서의 관계를 바꾸길 원하는 교사와 교수들에게, 가족의 유대감을 높이고 싶어 하는 부모들에게도 좋은 길잡이가 되었으면 하는 마음이다. 팀, 회사, 가족, 학교 등 어느 그룹이든 거기에는 그룹의 역동성과 개인의 잠재력이 함께 존재하기에 이 책이 그것을 이끌어내는데 유용한 프로세스와 도구, 스킬을 제공할 수 있으리라 믿는다.

2013. 11.
필자들을 대표하여
고현숙 씀

1

그룹 코칭이란
무엇인가

2

그룹 코칭은
어떤 프로세스를 따르는가

3

훌륭한 그룹 코치는
어떤 사람인가

4

변화와 성장, 목표를 이루는
그룹 코칭 스킬 40

5

그룹 코칭의
현장을 가다

코칭에 대하여

왜 코칭인가

코칭은 사람과 사업을 성장시키기 위한 가장 효과적인 투자 중 하나다. 2001년 맨체스터컨설팅의 연구조사 결과에 따르면, 코칭의 투자수익률(ROI, Return on Investment)은 약 6배에 이르는 것으로 나타났다. 코칭에 1,000만 원을 투자하면 6,000만 원의 수익을 얻을 수 있다는 이야기다. 조사에 참가한 회사들은 생산성 향상 53%, 품질 향상 48%, 조직 강화 48%, 고객서비스 향상 39%, 불만고객 감소34% 등을 코칭의 효과로 꼽았고, 코칭을 받은 직원들은 직속 상사와의 관계 개선 77%, 투자자와의 관계 개선 71%, 팀워크 향상 67%, 동료와의 관계 향상 63% 등을 꼽았다.

1999년 6,844억 엔(약 7조 5,000억 원)의 적자 상태에서 1년 후 3,311

억 엔(약 3조 6,000억 원)의 흑자기업으로 탈바꿈한 닛산자동차는 코칭을 도입하여 성공한 대표적인 기업으로 꼽힌다. 카를로스 곤 회장이 직접 코칭 리더십을 활용하여 기업 회생을 이끌어냈다. 자신을 CEO가 아니라 '코치'라고 선언했던 곤 회장은 취임 후 중견간부 600명을 대상으로 3개월간 일대일 코칭을 실시했다. 뿐만 아니라 전 직원을 대상으로 상사와 부하직원 간에 일대일 코칭을 실천하도록 장려했다. 이러한 코칭교육과 실습이 직원들로 하여금 잠재력을 발휘할 수 있도록 도와주었고, 불과 1년 만에 흑자기업으로 전환하는 발판이 되었다.

미국에서 코칭을 적극적으로 활용한 기업은 IBM이다. 이 회사는 전 직원에게 코칭서비스와 훈련을 제공하면서 모든 계획, 성과에 대해 개인 코칭을 받도록 유도한다. 또 담당 코치를 직원이 직접 선택할 수 있도록 지원하고 있다. 특히 직원들의 필요에 따라 코칭을 할 수 있도록 하여 성과 측면에서도 상당한 효과를 거두었다는 평가다. 예를 들어 프로젝트별 코칭과 성과 향상 코칭 등을 통해 개인과 조직의 업무 능률을 향상시켰을 뿐 아니라 능력 있는 직원의 이직률을 낮추었다.

코칭이란 무엇인가

한국 코치협회에서는 '코칭은 개인과 조직이 잠재력을 극대화하여 최상의 가치를 실현할 수 있도록 돕는 수평적 관계다'라고 코칭을 정의하고 있다. 실제로 이루어지는 코칭 대화에서는 고객이 대화의 주제를 선택하며 코치는 고객의 말을 경청하고 관찰하며 질문한다. 또한 코치는 고객이 강점을 발견할 수 있도록 지원하고 인정함으로써 고객의 자신감을 높여준다. 이러한 상호작용을 통해 과제를 명확히 하고 고객이 이를 실행하도록 돕는다. 결과적으로 코칭은 고객이 대화에 집중할 수 있게 하고 선택에 대한 인식(awareness)을 높임으로써 고객의 발전을 가속화한다.

코칭의 정의는 기관마다 조금씩 그 표현이 다르다. 국제코치연맹에서는 코칭을 '전문적인 코칭이란 인생, 경력, 비즈니스와 조직에서 뛰어난 결과를 만들어낼 수 있도록 도와주는 지속적이며 전문적인 관계다. 코칭 과정을 통하여 고객은 배움을 보다 깊이 하고 성과를 확대시키며 인생의 질을 높일 수 있다'고 정의한다. 세계 최대의 글로벌 코치양성기관인 CCU(Corporate Coach University)에서는 '코칭은 코치와 발전하려고 하는 의지를 가진 개인이 잠재 능력을 최대한 계발하고, 발견 프로세스를 통해 목표 설정, 전략적인 행동 그리고 매우 뛰어난 결과의 성취를 가능하게 해주는 강력하면서도 협력적인 관계다'라고 말한다.

훈련을 뜻하는 트레이닝(training)은 기차(train)에서 왔고, 코칭(coaching)은 4륜 마차를 뜻하는 코치(coach)에서 왔다고 한다. 기차는 정해진 선로를 따라 도심에서 도심으로 이동한다. 반면에 마차는 개인 또는 집단이 현재 있는 곳에서 가고 싶은 곳으로 자유롭게 움직인다. 그래서 코칭은 '고객을 현재 상태에서 목표 상태에 도달하도록 코치와 함께하는 보다 개인화된 서비스'라고 할 수 있다.

코칭의 유형

코칭의 영역	비즈니스 코칭 / 라이프 코칭 / 커리어 코칭 등
코칭의 대상	CEO와 임원. 팀장 / 가족 / 청소년/ 프로젝트 팀 등
코칭의 형태	1 : 1 코칭 / 그룹 코칭 / 팀 코칭

코칭의 영역

코칭의 영역은 매우 다양하며 계속해서 새로운 영역이 생겨나고 있다. 크게 보면 비즈니스 코칭, 라이프 코칭, 커리어 코칭으로 나눌 수 있다. 비즈니스 코칭은 기업 경영, 리더십, 성과 향상, 수익률 개선 등 비즈니스 이슈에 초점을 맞춘 것이고, 라이프 코칭은 삶에서 일어나는 여러 가지 이슈들, 예를 들면 삶의 균형, 만족감 향상, 인간관계 개선, 인생의 의미와 목적 발견 등에 초점을 맞춘 코칭이다. 커리어 코칭은 성격, 경력, 재능 그리고 처해 있는 환경 등을 고려하여 자신의 직업관에 맞는 진로를 설정하고 목표를 이룰 수 있는 방법을 찾도록 돕는 코칭이다.

코칭의 과거, 현재, 그리고 미래

코칭산업은 세계적으로 성장과 발전을 거듭하고 있다. 교육과정도 다양하게 확대되고 있으며, 이제는 대학에서도 코칭을 정규 과정으로 가르치고 있다. 사회의 각 분야에서 코칭이 활용되고 많은 사람들이 점점 더 관심을 가지게 되면서 코칭의 가치와 효과를 입증하기 위한 연구도 활발히 이루어지고 있다.

직업으로서 코칭의 탄생

1975년 테니스 코치인 티머시 골웨이(Timothy Gallwey)는 테니스를 가르친 경험을 바탕으로, 기술적이고 상세한 지시를 하기보다 고객이 내면의 정신 작용에 집중하도록 도울 때 테니스를 보다 쉽게 배울 수 있다는 사실을 발견했다. 그리고 그에게서 지도를 받은 사람들이 골웨이의 방식을 수용하여 회사에서 더 많은 성과를 내고 어려움을 극복하는 데 적용하기 시작했다. 코칭의 대가인 존 휘트모어(John Whitmore)가 이 접근법을 유럽에 소개하고 1996년《성과 향상을 위한 코칭 리더십》을 저술하면서 코칭은 세상의 주목을 받게 되었다.

1995년 국제코치연맹(ICF, International Coach Federation)이 설립되어 코칭이 전 세계적으로 확산되기 시작했으며, 2012년 현재 113개국 20,585명의 회원을 가진 조직으로 세계 최대 규모의 전문 코치협회 조직으로 발전하게 되었다.

우리나라에서는 2003년 한국코치협회가 발족되어 전문 코치 인증제도 실시, 프로그램 인증제도 실시, 코칭교육 프로그램 개발, 코칭포럼 개최, 코칭을 통한 사회공헌 등의 활동을 활발히 전개하고 있다.

지금까지의 경향

1990년대 초반에는 코칭이 주로 라이프 코칭(life coaching)에 집중되었다. 그러다가 IBM, 딜로이트 투시(Deloitte & Touche) 같은 회사들이 코칭을 도입하면서 리더십 코칭 및 경영자 코칭에 대한 관심이 높아지게 되었다. 2000년대 초 코칭을 도입하기 시작한 한국에서는 대기업을 중심으로 비즈니스 코칭이 활발하게 적용되어왔고, 최근에는 중견기업 및 공공기관에서도 큰 관심을 보이고 있다.

코칭에 관한 연구와 교육의 확산

코칭심리학의 권위자인 앤서니 그랜트(Anthony M. Grant) 박사는 코칭연구의 중요성을 누구보다 강조하는 사람이다. 그는 2003년 열린 코칭연구심포지엄에서 코치를 고용하는 사람들이 코칭의 효과에 대한 증거를 요구하게 될 것이며, 이론적인 기반을 확인하고 싶어 할 것이라고 주장했다.

코칭은 다른 인접 학문들과 함께 발전을 거듭해가고 있다. 인접학문이라 함은 심리학, 경영학, 조직학, 커뮤니케이션, 성인 학습, 리더십 연구 등을 말한다. 이미 미국에서는 대학교에서 직접 혹은 외부 기관과 협력해서 만든 교육프로그램들이 많이 나와 있다. 우리나라에서도 연세대학교, 광운대학교, 국민대학교 등에서 학위 과정으로 코칭 전공 프로그램을 제공하고 있으며, 빠른 속도로 확산될 것으로 예상된다.

한국에서의 코칭

한국은 현재 비즈니스 코칭이 압도적인 비중을 차지하고 있다. 대기업에서는 CEO와 임원을 대상으로 일대일 코칭을 활발하게 실시하고 있으며, 제공되는 코칭 서비스에 대해 상당히 만족하는 편이다. 이와 같은 흐름이 중견기업과 공공기관으로도 빠르게 전파되고 있다.

코칭이 기업들을 중심으로 고위 경영진을 비롯한 리더들의 역량 개발 방법으로 각광받는 이유는 자명하다. 일반적인 지식이나 스킬의 전달이 아니라 철저하게 고객의 상황과 특성, 필요에 맞춘 맞춤형 개발 방식이기 때문이다.

최근에는 그룹 코칭에 대한 수요도 높아지고 있다. 상대적으로 높은 비용과 느린 확산 속도의 일대일 코칭을 보완할 필요성이 커짐에 따라 속속 그룹 코칭을 도입하고 있다. 전에는 주로 팀장들을 대상으로 활용하다가 지금은 그룹 코칭이 갖고 있는 많은 장점들 때문에 임원들 대상의 그룹 코칭을 실시하는 기업들이 늘어나고 있다.

코칭의 미래

코칭을 대하는 기업들의 요구는 날로 증가되고 있으며, 이에 따라 코칭의 성과 입증을 요구하는 것은 물론 코치들에 대한 검증을 실시하고 있다. 따라서 코치들은 이와 같은 기업의 요구와 기대를 충족하는 수준의 서비스를 제공할 수 있다는 것을 보여주어야 한다. 자신의 커리어, 전문성, 스킬 등을 제시하는 것은 물론, 끊임없이 자기계발을 해나가야 한다. 미국의 한 연구기관에 의하면 코치들이 자기계발을 위해 연평균 500만 원 이상을 지출한다고 한다. 이 비용은 코치의 경험이 많아질수록 더 증가한다. 이는 숙련된 코치들이 지속적으로 자신의 역량을 계발하고 있다는 증거다.

앞으로 코칭의 영역은 점점 더 다양해질 것이다. 무엇이 되었건 사람들이 관심을 가질 만한 영역이면 코칭이 가능해질 것이다.

누가 좋은 코치인가

좋은 코치는 한마디로 정의하기 어려운 측면이 있다. 코치로서 갖추어야 할 모든 조건을 만족시킨다고 해서 나에게 꼭 맞는 코치라고 할 수는 없다. 코치와 고객 간에도 궁합이라고 할 만한 것이 있기 때문이다. 그렇다고 해도 코치는 코치로서의 기본 요건을 갖추어야 한다. 국제코치연맹에서는 다음과 같은 조건을 충실하게 수행하는 코치가 좋은 코치라고 정의하고 있다.

- 고객과 신뢰의 환경을 만들고 파트너 관계를 형성하는 코치
- 해결책을 제시하는 대신 고객이 스스로 발견할 수 있게 도와주는 코치
- 경청하고 질문하는 코치
- 고객의 성장을 격려하고 요청하며, 고객의 삶의 변화를 도와주는 코치
- 고객이 스스로 발전, 변화했다고 믿을 수 있도록 코치의 존재를 부각시키지 않으면서 이끌어주는 코치
- 높은 기준을 실천하는 모범적인 삶을 사는 코치

한편 고현숙 등은 2011년 60명의 경영자 코치들을 연구하여 코치에게 요구되는 역량을 다음과 같이 보고했다(고현숙, 백기복, 이신자 '경영자 코칭에 대한 조사연구' 〈코칭능력 개발지〉 2011. 6).

- 경청 능력. 이는 적극적이고 맥락적으로 경청하고 고객을 깊이 이해하는 능력이다.
- 관계형성 능력. 고객과 신뢰관계를 형성하고 공감, 이해하며 내적으로 연결되는 능력이다.
- 코치다운 태도. 이는 진정성, 호기심과 용기, 유머, 직관의 활용을 의미한다.
- 코칭 윤리. 정직하고 신뢰로우며, 비밀 유지 등 코칭 윤리를 준수하는 역량이다.

1

그룹 코칭이란 무엇인가

경영학의 아버지 피터 드러커는 "조직의 목적은 평범한 사람들이 모여 비범한 결과를 창출하는 것이다"라고 말했다. 이는 '집단의 힘'이 얼마나 뛰어날 수 있는지를 강조하는 말로도 해석할 수 있다. 21세기 들어 집단의 힘이 가장 잘 발휘된 대표적인 예는 위키피디아라고 할 수 있다. 위키피디아는 300년 역사를 자랑해온 지식의 집대성 브리태니커 백과사전을 단 10년 만에 뛰어넘은 '위대한' 온라인 백과사전으로, IT 기술과 '집단지성'이 만들어낸 '인간 세상과 자연에 대한 총체적 지식의 보고'다.

집단지성은 개개인의 지식과 창의력이 모이면 개인의 성과를 훨씬 넘어서는 더 큰 성과를 창출할 수 있다는 개념이다. 미국의 곤충학자 모턴 휠러(W. Moton Wheeler)는 개체만으로는 매우 보잘것없는 흰개미들이 협업을 통해 과학적으로 뛰어나고 규모로도 엄청난 개미집을 완성하는 모습을 관찰하는 가운데 집단지성에 대한 통찰을 얻었다.

요즘에는 기업 경영의 현장에서도 한 사람의 창의성보다는 다수의 창의성이 발현될 때 성과 창출이 가능하다는 인식이 빠르게 자리 잡아가고 있다. 수많은 글로벌기업들이 개인의 창의성을 넘어 집단의 창의성에 관심을 가지고 이를 발현시키기 위한 노력을 기울이고 있다. 이제는 집단지성을 활성화하는 것이 중요한 경쟁력인 시대가 되었다.

집단지성이 제대로 작동하기 위해서는 호기심 있는 구성원들의 자발적 참여와 자율성, 개방성, 수평적 관계에서의 협업 등이 필요하다. 그런

면에서 그룹 코칭 역시 집단지성을 만들어내고 이를 적극적으로 활용하는 것이라 할 수 있다. 참여자 간에 교류와 협력을 적극적으로 이끌어내면서 배우고 성과를 내는 과정이기 때문에 그룹 코칭이야말로 집단지성을 효과적으로 활용하는 방법이라고 할 수 있다.

그룹 코칭은 무엇이 다른가

그룹 코칭의
정의와 특징

그룹 코칭은 한마디로 '다수의 고객이 참여하는 코칭'이다. 코치와 여러 명의 고객이 진행한다. 일대일 코칭을 그룹에 적용한, 비교적 새로운 형태의 코칭 방식이다.

그룹 코칭은 많은 장점이 있다. 조직 내에서 제기되는 이슈에 대해 공통된 관심을 갖고 있는 사람들이 함께 참여할 수 있다. 그리고 참가자들이 공통의 주제를 가지고 코칭 목표를 세우고, 그 목표를 달성하기 위해 서로의 경험을 공유하면서 상호 학습을 증진시킬 수 있다. 또한 개인 코칭에 비해 비용을 절감할 수 있다.

그룹 코칭은 크게 2가지 형식으로 나뉜다. 하나는 일반 대중을 대상으로 공통의 관심사가 있는 참가자를 모집하여 진행하는 형식이고, 다른 하나는 한 조직이나 집단 내에서 같은 계층 또는 공동의 목표를 가진 참가자를 대상으로 진행하는 형식이다.

그룹 코칭은 다른 인재육성 방법과 어떻게 다른가

그룹 코칭은 기존의 팀 코칭, 상담, 퍼실리테이팅, 트레이닝, 컨설팅, 멘토링과는 다른 점이 많다. 이해를 돕기 위해 어떻게 다른지 각각을 비교해보자.

그룹 코칭과 팀 코칭

팀은 함께 일하는 단위 조직으로 공동의 과업 달성을 위한 리더와 팀원들로 구성되며 조직 차원의 수직적 관계가 존재한다. 구성원들은 해결 과제와 달성 목표를 공유하고 이를 위해 협력을 해나가므로 단결력과 상호 의존성이 높다. 팀 코칭(team coaching)은 이러한 팀이 자체의 과업을 달성할 수 있도록 지원하는 코칭을 말한다.

그에 비해 그룹은 독립적인 개인들이 수평적인 관계로 모인 집단으로, 팀보다 넓은 범위를 포괄하며 연대감이나 책임감은 낮다고 할 수 있다. 다수의 인원이 참가한다는 차원에서 광의로 보면 팀 코칭도 그룹 코칭의 한 형태라고 말할 수 있다. 협의의 그룹 코칭은 관심사가 유사한 참가자들이 모여 각자가 원하는 바를 달성할 수 있도록 돕는 것이다.

그룹 코칭과 상담

개인은 누구나 살아가면서 다양한 문제들에 직면하게 된다. 상담 (counseling)은 이러한 문제들을 해결할 목적으로 진행한다.

상담과 코칭은 겉으로 보기에 유사한 부분도 있지만 중요한 차이점이 있다. 첫째, 상담에서 고객은 자기 혼자의 힘으로 해결할 수 없는 문제나 특수 상황에 대해 전문가의 도움을 요청한다. 이 경우에 도움을 주는 사람은 도움을 요청하는 사람에게 반드시 필요한 존재로, 두 사람의 관계는 도움을 주고받음으로 형성된다. 이에 비해 코칭에서는 도움을 요청하는 사람이 자신의 힘으로도 어느 정도 문제를 해결할 수 있는 상태에 있으며, 문제 해결을 위해 협동적인 관계를 맺는다. 둘째, 상담에서는 목표 설정을 할 때 상담자가 내담자의 기대사항을 고려하여 사전 협의를 하지만, 어디까지나 상담자가 주도적인 입장에서 목표를 설정한다. 그에 비해 코칭에서의 목표 설정은 고객으로부터 나온다.

그룹 코칭과 퍼실리테이팅

퍼실리테이터(facilitator)는 참가자들이 효과적으로 학습할 수 있게 돕는다는 면에서 그룹 코치와 유사하다. 하지만 어젠다가 누구로부터 나오는가가 퍼실리테이팅(facilitating)과 그룹 코칭의 차이를 가른다. 퍼실리테이팅에서는 퍼실리테이터가 어젠다를 준비하고 그에 맞게 틀과 프로세스를 제공하지만, 그룹 코칭에서는 고객이 스스로 원하는 결과에 초점을 맞추어 목표를 세우고 실천 방법을 찾는다(참조 : 박정영 '효과적인 그룹 코칭 프로세스 개발에 관한 연구' 〈코칭연구〉 제3권 1호, 2010).

그룹 코칭과 트레이닝

트레이닝(training)은 그 어원인 기차(train)의 특성에서도 알 수 있듯이 집단 훈련의 성격이 강하다. 트레이너는 미리 정해진 과정에 따라 대상 집단을 일률적으로 훈련시킨다. 그에 반해 그룹 코치는 개개인의 개별성을 중시하며 각자가 자신에게 맞는 최선의 답을 최적의 방법으로 실행할 수 있게 돕는다.

그룹 코칭과 멘토링

멘토링(mentoring)에서는 해당 분야의 전문적인 지식과 경험, 지혜를 가진 사람이 멘토가 되고 이것을 필요로 하는 사람이 멘티가 된다. 멘토가 자신의 경험과 지혜를 바탕으로 멘티를 후원하고 지지하는 관계로서, 상대적으로 수직적이며 상호 간에 인격적 개입이 깊이 일어난다. 반면 그룹 코칭에서는 코치가 무언가를 조언하고 전달하기보다는 고객 스스로 동기를 갖게 하고 내면의 지혜를 발휘하도록 자극한다. 따라서 멘토링과 달리 수평적 파트너십을 더 중요하게 여긴다. 멘토링에서 멘토가 전하고자 하는 내용의 전문가라면, 코칭에서 코치는 고객의 잠재력을 이끌어내는 전문가들이다.

그룹 코칭과 컨설팅

컨설팅(consulting)은 고객이 해결책을 찾을 수 있도록 문제를 진단하고 프로세스를 공유하고 능력을 갖도록 하는 것이 목적이다. 컨설턴트는 고객의 문제 영역에 대한 전문가로서, 고객에게 어떤 니즈가 있을 때 이를 정의하고 바람직한 상태와 현재 상태를 분석하여 그 해결책을 제시한다. 반면에 코칭은 문제를 진단하여 해결책을 제시하는 것이 아니라, 코칭받는 사람이 역량을 개발하거나 새로운 관점을 갖도록 하는 데 초점을 맞춘다. 그럼으로써 스스로 목표를 달성할 수 있도록 촉진한다.

이러한 특성 때문에 컨설팅은 과업의 달성이나 문제의 해결을 위한 방안 제시를 목표로 하지만, 코칭은 고객의 성장을 목표로 한다고 말할 수 있다.

그룹 코칭과 다른 방법들의 차이점을 한마디로 정리하면, 역량의 개발과 해법의 제시라고 할 수 있다. 그룹 코칭은 해법을 제시하기보다 고유한 코칭 철학을 바탕으로 스킬과 감각을 적용하여 참가자들이 역량을 기르고 스스로 해법을 찾을 수 있게 한다.

그룹 코칭은 어떻게 이루어지는가

진행 방식과
구조

　그룹 코칭은 그룹의 규모, 시간, 회차 등에서 매우 다양한 형태를 띤
다. 한 그룹의 규모는 대략 3~8명 정도의 인원으로 구성하는 것이 일반
적이다. 인원이 너무 적으면 상호작용을 통해 일어나는 그룹의 역동성
이 떨어질 수 있고, 너무 많으면 일부 참가자가 수동적인 태도를 보일 수
있다. 시간 관리에도 어려움을 겪을 수 있다. 국제코칭연맹에서는 그룹
코칭의 인원을 15명 이내로 제한하고 있다. 지금까지 국내에서 이루어
진 연구결과에 의하면 면대면 그룹 코칭에서는 5~8명이 적정하며 10명
이상이 되면 개인적 학습 니즈를 충족시킬 만큼 충분한 관심을 쏟기가
어렵다고 한다.

　그룹 코칭에서 한 세션의 시간은 통상 2시간 정도다. 일대일 코칭과

달리 여러 사람이 대화나 토론, 발표 등에 참여하는 최소한의 시간을 확보해야 하기 때문이다.

그룹 코칭의 횟수는 목표와 상황에 따라 다르지만 일반적으로 6차에서 12차까지 진행한다. 횟수가 너무 적으면 목표와 실행 계획을 세운 다음 이를 현장에 적용해보고 다시 배우는 실행 및 체득화의 과정이 빈약해지기 쉽기 때문에 애초에 의도한 성장과 변화를 이끌어내기가 어렵다. 빈도는 보통 2주 간격으로 하는 것이 일반적이지만, 조건과 필요에 따라 매주 혹은 매월 1회 실시하기도 한다.

그룹 코칭의 구조

그룹 코칭은 일대일 코칭과 달리 다수의 사람이 참여하기 때문에 사전에 어느 정도의 틀을 정하지 않으면 그룹을 효과적으로 운영하는 데 어려움을 겪게 된다. 그래서 일대일 코칭에서보다 더 구조화된 환경을 사전에 조성해야 한다.

그룹 코칭의 구조화 정도는 다양한 스펙트럼이 있으므로 그룹 코칭의 목적과 니즈에 맞게 선택하거나 설계할 필요가 있다. 비구조화 그룹 코칭에서는 전체 주제 안에서 각 회차마다 참가자들이 가지고 오는 이슈와 목표에 따라 주제를 정하고 코칭을 진행한다. 준구조화 그룹 코칭은 전체 주제와 각 회차의 주제를 미리 정하게 되며, 각 회차의 주제 안에서 참가자들이 가지고 오는 이슈에 따라 코칭을 진행한다. 그에 비해 구조화 그룹 코칭은 전체 주제와 각 회차의 주제를 사전에 정하는 것은 물론 각 회차별 주제와 관련된 내용 또한 미리 제공하고 코칭을 진행하게 된다. 상황에 따라 내용에 대한 교육을 먼저 진행할 수도 있다.

그룹 코칭은 힘이 세다

그룹 코칭을 진행하거나 도입을 고려하는 기업과 조직이 빠르게 늘어나고 있다. 이는 그룹 코칭의 효과와 혜택이 크기 때문이다. 대표적인 몇 가지를 제시하면 다음과 같다.

조직의 목표를 달성하는 데 유용하다

국내 모 대기업은 그룹 전체의 조직 문화를 변화시키기로 하고, 새롭게 지향할 기업 문화의 상 및 인재상을 선포하는 대대적인 작업에 착수했다. 그들은 새로운 문화를 조직에 체화시키기 위해 전체 직원을 대상으로 교육뿐 아니라 워크숍, 리더십 진단과 함께 그룹 코칭을 적극 활용했다. 교육이나 진단에서는 수동적인 수용자로 머물게 되더라도 그룹 코칭이나 일대일 코칭에서는 적극적인 주체가 되기 때문이다.

수십 명, 수백 명을 모아놓고 하는 워크숍이나 강연은 일회적이고 이벤트적인 성격이 강해서 구성원들 각각에게 새로운 인재상과 같은 총체적인 메시지를 침투시키고 행동 변화를 유도하는 데 부족함이 있다. 이에 비해 몇 달 동안 정해진 주제를 중심으로 서로의 생각을 말하고 고민을 나누는 그룹 코칭은 일체감을 형성하고 자발적인 변화를 이끌어낼 수 있는 매력적인 대안이다.

참가자 간 상호 학습이 일어난다

그룹 코칭은 서로 다른 배경, 경험, 기술, 지식을 가진 사람들이 각자의 자산을 나누고 협력하는 장을 제공한다. 여기서 참가자들은 코치뿐 아니라 다른 참가자들로부터 정보와 영감을 얻고 새로운 사실을 배우게 된다. 현장에서 비슷한 고민을 하면서 나름대로 시도해본 해결 경험을 나누는 것은 일반적인 지식이나 이론의 차원이 아닌, 살아 있는 지식을 얻는 과정이다.

이러한 상호 학습 과정은 비슷한 역할과 지위에 있는 참가자들 사이에서 더욱 활발하게 일어날 수 있다. 서로에 대한 공감과 이해도가 높아 수용성이 좋기 때문이다. 이를 통해 성장을 위한 변화 요소와 이를 가로막는 장애 요소가 무엇인지를 보다 더 객관적이고도 현실적으로 파악하여 실천 가능한 극복 방안을 도출할 수 있다.

조직 내 커뮤니케이션과 상호 협력이 원활해진다

조직 내에서 여러 부서의 인원으로 그룹 코칭이 이루어질 경우에는 본래의 목표 달성만이 아니라 그에 못지않은 부수적인 효과를 거둘 수 있다. 바로 부서 간 협력이 높아진다는 것이다. 예를 들어 연구개발부는 기술이나 상품 개발 자체에 집중하는 것에 반해 마케팅팀은 잘 팔릴 만한 결과를 원하기 때문에 충돌을 빚곤 한다. 이때 두 부서의 직원들이 그룹 코칭을 통해 서로의 고충을 이해하고 상호 협력하는 분위기를 만들 수 있다면 갈등을 조정하고 회사의 이익을 위해 하나가 될 수 있을 것이다. 이렇듯 그룹 코칭은 조직 내부의 갈등 문제를 전면에 드러내어 관계를 개선하고, 문제 해결력을 향상시키며, 새로운 아이디어를 실현하기에 알맞은 환경을 조성하는 등 조직 전체의 생산성을 높이는 데 기여한다.

비용 면에서 효과적이다

일대일 코칭은 완전히 개인 맞춤형의 코칭이라 강력한 성과를 내는 것이 사실이므로 그룹 코칭으로 일대일 코칭을 대치할 수는 없다. 하지만 일대일 코칭에는 적지 않은 비용이 들어가기 때문에, 단기간에 다수 인원의 역량을 개발하기 위해 그룹 코칭을 선택하는 경우가 많다.

비용의 효과성을 고려하여 그룹 코칭을 선택했다 하더라도 일대일 코칭의 이점을 함께 살리기 위해서는 프로세스 중간에 일대일 코칭을 몇

회 진행하는 것이 바람직하다. 그룹 코칭에서 다루지 못하는 개인의 어젠다를 포함하는 것이 그룹 코칭의 효과성을 높이는 데도 중요하기 때문이다.

참가자들이 목표 달성에 보다 적극적으로 임한다

어떤 사람이 매일 아침 5시에 기상하겠다는 목표를 혼자 세운 경우와 그룹 코칭에서 5명이 똑같은 목표를 달성하기로 한 경우, 어느 쪽이 더 목표를 달성할 가능성이 높을까? 후자가 달성할 가능성이 더 높다는 데 대부분 동의한다. 그룹 코칭에서는 본인만이 아니라 참가자 4명과 약속을 하기 때문에 그만큼 지켜야 한다는 책임감이 커지기 때문이다. '참가자들과의 약속을 지키지 못했다'는 말을 하고 싶지 않기 때문이다. 이런 '동료 압력(peer pressure)'을 잘 활용하면 참가자들이 목표 달성을 위해 훨씬 더 적극적으로 노력하게 된다.

코칭, 퍼실리테이팅 등 핵심적 리더십 스킬을 기를 수 있다

코치는 그룹 코칭 세션 중에 필요한 경우 한 명의 참가자와 일대일 코칭을 하기도 한다. 이때 다른 참가자들은 한 발 물러서서 코칭하는 것을 관찰할 수 있고, 이런 경험이 참가자들에게 코칭에 대한 구체적인 이미지를 제공하여 코칭 스킬을 향상시키는 데 도움을 줄 수 있다.

또한 코치가 그룹 토의, 사례 발표, 문제 해결, 브레인스토밍, 피드백,

액션러닝, 연상기법, 성찰 등 다양한 퍼실리테이팅 스킬을 사용하게 되는데, 이때 코치 혼자서 전체 과정을 주도하지 않고 각 참가자들에게 퍼실리테이터 역할을 돌아가면서 맡게 하는 경우가 많다. 자연 참가자들이 직간접적으로 이런 스킬들을 습득하게 된다.

그룹 코칭을 통해 습득한 이러한 리더십 스킬들은 현장에서 자신의 팀을 이끌어가는 데 유용하게 활용될 수 있다.

그룹 코칭을 조심하라?

특별히 신경
써야 할 부분들

일대일 코칭에서는 고객과 코치의 일대일 관계만 존재하지만, 그룹 코칭에서는 5명이 참가할 경우 10가지의 일대일 관계를 포함해 수십 가지의 인간관계가 얽히게 되며, 그룹 전체가 하나의 생물처럼 생명력을 얻어 역동적으로 변화해간다. 따라서 일대일 코칭보다 훨씬 더 세심한 주의를 기울여 코칭 프로세스를 지원해야 한다. 코치가 특히 신경을 써야 하는 점들을 알아보자.

적합한 환경을 조성한다

코치는 참가자들이 편안하게 마음을 열 수 있도록 쾌적한 환경을 조성해야 한다. 특히 적당한 크기의 회의실 선택, 밝은 조명, 춥지도 덥지도 않은 적당한 온도 유지 등에 유의한다. 대개의 경우 고객의 사무실에서 코칭을 하기 때문에 코치가 환경을 선택하는 데는 제약이 있게 마련이지만, 담당자와 상의하면 의외로 당초 생각했던 것보다 훨씬 나은 환경을 제공받을 수 있다.

참가자들의 성향과 니즈를 파악하여 그에 맞는 것을 제공한다

다수의 사람들이 참여하는 그룹 코칭에서 더 좋은 결과를 내기 위해서는 참가자 각각의 성향과 니즈에 맞는 대응이 중요하다. 예를 들어 주목을 받고 싶어 하는 사람에게는 세션 때마다 앞에 나가 진행 순서를 기록하는 역할을 맡길 수 있다. 많은 정보를 원하는 사람에게는 코칭에 대한 자료를 따로 제공할 수도 있고, 통제와 권위에 대한 욕구가 강한 사람에게는 세션 전에 미리 만나 세션이 어떻게 진행될지 귀띔해주고 코칭이 잘 진행되도록 협조를 구하면 좋을 것이다.

첫 세션에서 모두가 지켜야 할 그라운드 룰을 정한다

사람들은 자신이 참여해서 결정한 규칙, 즉 그라운드 룰(ground rule)은 지키려는 경향이 있다. 첫 세션에서 코치의 진행에 따라 참가자들이 스스로 그러한 규칙을 정하게 하고, 그 후 코치 자신이 규칙을 언급하며 지키는 모습을 보이면 참가자들도 자연스럽게 따르게 된다.

참가자들의 불만, 갈등과 대립은 즉시 해결한다

참가자들은 다음과 같은 이유로 갈등을 일으킬 수 있다.

- 그룹원 각자의 역할이 모호하다.
- 그룹 코칭의 목표와 방향이 분명하지 않다.
- 그룹 코칭의 내용이 참가자 개인이 갖고 있는 니즈를 충족시키지 못한다.
- 불안정한 감정 상태에 있는 참가자를 다른 참가자가 자극한다.
- 코치의 능력 및 진행이 불만족스럽다.

일단 이러한 경우가 관찰되면 코치는 관찰한 것과 그 의미에 대해 참가자들과 공유하거나(예를 들어 갈등은 건강한 그룹 활동의 자연스러운 현상이다), 휴식 시간에 당사자와 따로 만나 이야기를 듣고 코치의 염려나 감정을 솔직히 전달한다.

소극적인 참가자에게 주의를 기울인다

조직 차원에서 그룹 코칭을 도입하는 경우 참가자들 중에는 마지 못해 참여하는 경우가 있을 수 있다. 또 다른 사람과 쉽게 어울리지 못하거나 자신의 생각과 감정을 표현하는 데 서툴러 어려움을 겪는 이들도 있다. 코치는 참가자들 개개인을 유심히 살펴서 모두가 적극적으로 참여하도록 하기 위해 무엇이 필요한지 파악해서 제공할 수 있어야 한다. 이를 위해 별도의 개별 세션이나 대화 시간을 가질 필요도 있다.

이렇게 개별적인 다양성을 인정하고 포용할수록 그룹 코칭의 진행은 더 역동적이 되고 진솔하게 된다.

정해진 코칭 시간을 엄격히 준수한다

코칭 세션은 가능한 한 정시에 마치도록 한다. 그룹 코칭 참가자들은 대개 바쁜 사람들이다. 따라서 정해진 시간보다 조금이라도 늦게 끝나면 곤란을 겪을 수 있다. 그런데 끝나는 시간을 지키는 것이 어려운 코치들이 많다. 멀리 시집간 딸에게 하나라도 더 '싸서 보내고' 싶은 친정 엄마의 마음으로 '5분만 더 하면 이 얘기를 심도 있게 다룰 수 있을 텐데'라고 생각한다. 그래서 참가자들에게 "지금 다루는 내용이 중요해서 5분만 더 시간을 썼으면 하는데, 괜찮으신가요?"라고 동의를 구하기도 한다.

하지만 이것은 코치의 의도와 달리 좋은 효과를 내지 못한다. 사실 그날 꼭 다뤄야만 하는 것은 없고, 설령 그날 그 내용을 다루지 못한다 해도 코칭 결과에는 큰 영향을 미치지 않는다. 게다가 참가자들 중에는 솔직하게 말을 못하고 표면적으로만 동의하는 사람이 있기 마련이므로 정시에 끝내는 것이 중요하다. 따라서 아주 예외적인 경우를 제외하고 코치는 끝날 시간이 되면 미련 없이 세션을 마무리해야 한다.

성인교육의 특성에 맞추어 코칭을 진행한다

그룹 코칭의 대상이 성인인 경우 성인교육의 특성을 잘 이해하고 다음과 같이 코칭에 반영한다.

- 참가자들의 경험과 지식을 활용한다.
- 참가자들이 서로 알 수 있도록 시간을 할애한다.
- 첫 세션에서 코치와 참가자들의 기대사항을 명확히 이해하고 전체적인 진행에 대해서 알게 한다.
- 참가자들의 기대사항을 충분히 반영한다.
- 코치는 가르치려 하지 않고 참가자들이 깨닫도록 한다.
- 참가자들이 코칭에 대한 주도권, 즉 오너십(ownership)을 갖도록 한다.
- 모두가 지켜야 하는 그라운드 룰에 합의하는 데 충분한 시간을 할애한다.

참가자들의 피드백을 세션에 적극 반영한다

그룹 코칭에서는 참가자들이 코칭이 잘 진행되고 있는지, 개선사항은 없는지 등에 대한 피드백을 코치에게 전달할 기회를 찾기 어렵다. 따라서 코치가 개별적으로 참가자들을 접촉해서 피드백을 구하고 이를 프로그램에 반영하여 지속적으로 개선하는 노력이 필요하다.

2

그룹 코칭은 어떤 프로세스를 따르는가

프로세스는 살아 있어야 한다

프로세스의
특성과
존재 이유

프로세스는 '특정한 결과를 기대하고 실행하는 행위들의 체계적인 조합'이라고 정의할 수 있는데, 다음과 같은 3가지 특성을 보인다.

첫째, 프로세스에는 특정한 목적이 있다. 아무리 멋지고 화려한 형태를 갖춰도 목적이 없는 행동들은 프로세스의 범주에 속할 수 없다.

둘째, 각 구성 요소는 실제로 벌어지는 구체적인 행위로 나타난다. 그룹이 어떻게 변화 발전하는가는 손으로 만질 수 있는 것은 아니지만 코치가 눈으로 보고 인식할 수 있는 구체적인 행동의 집합이다.

셋째, 구성된 행위는 단독이 아니라 서로 유기적인 관계를 지닌 일련의 체계, 즉 시간적으로 서로 유의미하게 연결된 복합적인 대상으로 이해해야 한다는 것이다.

이런 3가지 요소를 감안하면, 그룹 코칭의 프로세스를 다음과 같이 정의할 수 있다.

'그룹 코칭 프로세스는 그룹으로서 달성하려는 목표를 성취하기 위하여 참여자(코치, 고객, 관련자)들이 합의하여 시간의 흐름에 따라 지키거나 참고하기로 약속한 일련의 체계적인 행동들의 묶음이다.'

그룹 코칭에 프로세스가 필요한 까닭

그룹 코칭은 참가자가 여러 사람이므로 함께 합의한 이정표가 있으면 시행착오를 겪지 않고 효율적으로 진행할 수 있다. 그룹 코칭 프로세스는 다음과 같은 효과를 가져온다.

첫째, 전체 그룹 코칭을 진행하는 틀을 제공한다. 즉 개개의 나무가 아닌 숲을 보며 진행할 수 있어서 시각을 확대할 수 있다.

둘째, 목적을 향해 나아가는 과정을 예측할 수 있어 그룹 코칭의 성과, 품질에 대한 확신과 함께 달성도를 높여준다. 비유하자면 항공기가 사전 계획한 경로를 90% 이상 이탈하면서도 결국 목적지에 무사히 도착할 수 있는 것이 바로 프로세스의 힘이라고 할 수 있다.

셋째, 서로 합의한 프로세스가 존재함으로 해서 상호 협력하는 환경을 만들어준다. 즉 그룹 내에서의 명시적인 합의가 암묵적인 규범의 형성에 일조할 가능성을 높여준다.

특별히 유념할 것은 '프로세스가 살아 있어야 한다'는 점이다. 프로세스는 고정되어 있지 않고 상황에 따라 유연하게 적용되어야 한다. 비록 서로 합의해서 프로세스를 정했다 해도 이는 나침반이고 지도일 뿐이다. 프로세스하에 움직이면서도 과정의 순간에 집중하고, 변화를 민감하게 인지하고 반응하며, 모든 일은 현장에서 시작한다는 믿음으로 실천하게 되면 그룹 코칭에서 좋은 결실을 맺을 수 있다.

준비하고 진행하고 평가한다

그룹 코칭
프로세스
모델의 예

그룹 코칭이 실제로 이루어지기 위해서는 코칭을 원하는 고객(고객사)과 코치(코칭펌)의 요구가 서로 맞아야 한다. 서로에 대해 알고 신뢰할 수 있는 여건이 마련되어야 한다. 이 단계를 거치고 나면 프로세스 모델에 대한 설명과 협의에 들어간다.

여기서는 지금까지 코칭 현장에서 진행되는 구성 요소를 감안한 표준적인 그룹 코칭 프로세스 모델을 제시한다. 누구든 이 모델을 참조하여 자신에게 맞게 프로세스를 변형해서 사용할 수 있다. 고객의 구체적인 니즈와 특성, 진행 상황에 따라 유연하게 적용해나갈 수 있을 것이다.

코칭 프로젝트는 사전 준비→ 코칭 진행→ 사후 평가의 기본 프로세

그룹 코칭의 표준 운영 프로세스

단계	사전 준비	코칭 진행			사후 평가
		시작 단계	심화 단계	마무리 단계	
기간 (횟수)	협의 후 진행	1~2차	3~9차	10회차	협의 후 진행
코치	• 코칭 니즈 파악 • 코칭 대상자에 대한 오리엔테이션 • 상호 인사 • 코칭 소개 • 향후 일정 안내	• 래포 형성 • 그룹 형성 • 그라운드 룰 정하기 • 진단 결과 리뷰 • 코칭에서 기대하는 바 나누기 • 코칭 목표 설정 및 합의 • 코칭 목표에 따른 실행 항목 토론 합의	• 심화 그룹 코칭 • 필요 시 일대일 코칭을 실시 • 중간 피드백 실시 – 만족도, 효과성, 개선사항을 대상자 및 코치에게 설문 실시	• 그룹 코칭 목표 달성 점검 • 마무리 • 개인별 성과 나누기 • 향후 실행 다짐	• 코칭 효과성 평가 • 최종 결과 보고
고객사	• 코칭 대상자 선정 • 진단 결과 전달 • 대상자 정보 전달 • 대상자 코칭 사전 안내	• 코칭 대상자에 대한 내부 커뮤니케이션 • 그룹별 코칭 세션 진행 확인 • 대상자의 상사·부하의 관심과 지원을 유도하여 조직 내 코칭 문화 확산 지원			• 필요 시 향후 육성 방안 지원
대상자	• 코칭에 대한 안내 숙지 • 코치와 오리엔테이션 콜로 인사 나누기	• 전체 코칭 과정에 능동적인 참여 • 공통 및 개별 실행 과제 수행 • 중간 및 최종 피드백 제공			

스를 거친다. 전체 프로세스 모델을 단계별로 설명하면 다음과 같다.

사전 준비

모든 일이 그렇듯 코칭도 준비가 철저해야 원활한 진행이 가능하다. 코칭의 사전 준비 단계에서는 무엇보다 고객(사)이 그룹 코칭을 왜 필요로 하는지, 즉 코칭을 통해 어떤 변화를 기대하는지, 그것이 조직에 어떤 의미를 가지는지와 같은 배경을 심도 있게 파악해야 한다. 아울러 고객에 관한 기본 정보들을 숙지한다.

그룹 코칭을 시작하기 전에는 오리엔테이션을 실시한다. 오리엔테이션은 코치가 참가자들을 개별적으로 접촉하는 최초의 기회이므로 매우 중요하다. 인사를 나누고, 함께하게 될 그룹 코칭에 대해 설명을 해서 참가자들을 준비시킨다. 충분한 이해가 뒷받침되지 않은 상태에서는 그룹 코칭을 또 하나의 교육 정도로 인식하기 쉽기 때문이다. 오리엔테이션을 통해 참가자들의 개인적 환경이나 특성, 코칭에서의 기대사항 등도 확인한다.

사전 준비가 잘되면 참가자들은 그룹 코칭의 목적을 명확하게 이해하는 것은 물론 긍정적 인상과 기대감을 갖고 코칭에 적극적으로 임하게 된다. 코치와 고객 모두가 만족하는 그룹 코칭을 위해 미리 준비해야 할 사항들을 좀 더 자세히 알아보자.

코칭 상황에 대한 이해

그룹 코칭은 회사가 특정한 목적을 갖고 실행하는 경우가 많다. 목적에 대해서는 회사에서 워크숍을 통해 체계적으로 설명하는 경우도 있고, 담당 부서에서 취지와 기대사항 등을 간략하게 전달하는 경우도 있다. 그러나 어떤 경우라도 회사가 그룹 코칭에 거는 기대와 목적, 이루고자 하는 성과를 충분히 이해하고 숙지해야 한다. 더 나아가 회사의 특성과 경영 관련 정보, 업계 동향 등도 조사해서 알아둘 필요가 있다. 해당 업계에서 통용되는 용어나 표현에 대한 학습에도 주의를 기울여야 하는데, 이를 잘 활용하면 고객과의 친밀도를 높일 수 있다.

코칭 고객에 대한 이해

그룹 코칭 참가자들에 대한 정보 파악은 사전 준비의 기본이다. 주요 경력, 직위(신임, 간부, 역할과 책임) 등에 관한 사항을 확보하고, 360도 피드백과 같은 리더십 서베이 결과나 MBTI등의 검사 결과도 최대한 입수하는 것이 좋다. 코치에 따라서는 DISC 등의 검사를 통해 행동유형을 사전에 파악해두기도 한다.

정보가 입수되면 이를 통해 참가자의 스타일 등을 꼼꼼히 분석하고 공부한다. 그룹 코칭이 성공하기 위해서는 참가자들의 면면을 이해하고 전체적으로 어떤 유형이 어느 정도 분포하고 있는지를 알고 그에 맞게 준비할 필요가 있다.

그룹 코칭에 대한 사전 안내(오리엔테이션)

오리엔테이션은 그룹 모임을 안내하는 일로부터 시작된다. 시간과 비용 절약 등의 이유로 메일이나 전화로 안내하는 경우가 대부분이지만, 일일이 직접 만나서 이야기하는 경우도 있다. 사전에 정중하면서도 친밀감 있게 코치 자신을 간략히 소개하고, 오리엔테이션 모임의 목적과 내용을 설명하면서 참가할 수 있는 시간대를 2~3개 정도 요청한다. 그렇게 해서 일정을 안내하고 오리엔테이션을 진행한다.

오리엔테이션은 상호 인사와 코칭에 대한 설명, 그리고 코칭의 목표 확인 및 사전 과제 부여 순으로 이루어진다. 간단한 인사와 소개를 하고 나서 코치는 충실한 서포터로서 참가자들을 지지하고 지원할 것을 공언한다. 이때 코칭의 비밀 유지에 대해 설명하고 강조하여 마음 놓고 이야기할 수 있겠다는 느낌을 갖게 하는 것이 중요하다. 코치에 대한 경계심을 풀고 자유롭고 편한 상태가 되도록 참가자들의 감정과 동향을 세심하게 살펴야 한다.

이어서 코칭에 대해 설명한다. 코칭에 대한 이해나 경험이 서로 다를 수 있으므로 이를 확인하고 일치시킬 필요가 있다. 코칭 시의 주의사항이나 코치의 역할 등도 알려준다. 경우에 따라 참가자의 가족관계나 경력 등을 알아보는 것도 도움이 된다. 그리고 이해가 부족하거나 궁금한 점에 대해 질의응답 시간을 갖는다.

마지막으로 1차 세션 전에 수행할 과제를 부여한다. 코칭의 목표를 2~3개 정해서 써가지고 오도록 한다. 그룹 코칭의 특성상 참가자들의 합의하에 목표를 정할 수밖에 없으므로 미리 각자가 생각하고 준비하여 세션에 참가할 수 있도록 한다.

만약 그룹이 사전 오리엔테이션 모임 없이 바로 1차 세션을 시작해야 하는 상황이라면, 개별적인 전화를 통해 위의 오리엔테이션 내용을 일일이 설명하고 안내해야 한다.

오리엔테이션이 끝나고 나면 1차 세션에 필요한 자료를 이메일로 보낸다. 그룹 코칭의 정의, 특징, 프로세스 등에 관한 자료를 참가자들이 미리 읽어오도록 하면 효율적으로 세션을 시작할 수 있다. 어떤 코치는 1차 세션의 전체 안건과 시간 계획까지 보내서 숙지하고 오도록 하기도 한다.

그룹 코칭 관련 양식과 자료 준비

오리엔테이션이 끝나고 1차 세션에 들어가기 전에 코치는 다음의 2가지를 점검하고 준비한다. 첫째, 1차 세션의 시간과 장소를 점검하고 참가자들과 공유한다. 이때 가지고 올 필기류나 자료 등 준비사항을 다시 한 번 주지시키는 것이 좋다. 둘째, 세션에서 사용할 양식과 자료 등을 준비한다. 교육자료, 교보재(tool kit), 세션 일지, 성찰 일지 등 1차 세션에 필요한 준비물을 갖춘다. 첫 세션이니 만큼 참가자들 인원수에 맞게 양식을 복사하여 성의를 보이는 것도 필요하다.

코칭 진행

본격적인 코칭을 시작하기에 앞서 세션의 진행 순서를 간략히 알아보

자. 세션마다 주제에 맞추어 진행 순서가 조금씩 달라질 수 있지만, 일반적으로는 표준에 맞게 진행하는 것이 수월하다. 보통 한 세션의 표준 진행 순서는 다음과 같다.

① 아이스 브레이킹

어떤 모임이든 시작은 항상 서먹할 수 있다. 그러므로 본론으로 들어가기 전에 가벼운 게임이나 유머 등을 통해 분위기를 부드럽게 만드는 것이 좋다.

② 지난 세션 리뷰

그룹 코칭을 시작할 때 첫 회를 제외하고는 해당 세션이 어떤 의미를 가지는지 돌아보는 것이 필요하다. 간략하게 지난 세션을 상기하면서 연결성을 부여하고 공유하면 의미가 재확인되고 이번 세션에 집중하는 데도 도움이 된다.

③ 실행 결과 공유 및 이에 대한 의견 나누기

코칭은 인식의 전환만을 꾀하는 것이 아니라 실행을 통한 변화를 모색하는 것이다. 그런 만큼 세션 중간에 과제를 수행하고 그 결과를 공유하며 의견을 교환할 수 있어야 한다. 이를 통해 학습하고 변화를 이루어나가는 것이 코칭의 핵심이다. 코치는 적절한 인정과 개입을 통해 이 부분의 효과를 극대화한다.

④ 세션 주제에 대한 코칭

사전 혹은 당일에 결정한 그날의 주제와 관련한 코칭은 해당 세션에서 가장 중요한 절차다. 주제에 대해 화두를 던지고 참가자들이 서로 의견을 내고 경청하고 질문하며 인식을 심화해간다. 이때 코치는 참가자들이 말하는 것에서 그들의 욕구, 감정, 희망을 등을 주의 깊게 살피고 다룸으로써 이를 학습의 기회로 만들어야 한다. 강력한 질문을 던지거나 피드백을 주어 자신의 시각을 되돌아보고 확장하도록 돕는다. 또한 참가자들 간의 역학관계나 상호작용을 세심히 파악하고 서로에게 좋은 자극이 되도록 이끌어야 한다.

⑤ 배운 내용 정리 및 실행사항 합의

세션의 후반부에서는 그룹 코칭에서 무엇을 배우고 느꼈는지 정리하는 시간을 갖는다. 이것은 상황에 따라 코치가 정리할 수도 있으나, 참가자(그룹원)들과 함께 진행하는 것이 학습 효과와 실행력을 높이고 서로의 인식 수준을 확인하는 데도 도움이 된다.

⑥ 성찰 및 마무리

코칭이 일반적인 교육이나 워크숍과 다른 부분이 바로 성찰 과정이다. 해당 세션을 되돌아보면서 느끼고 생각한 점을 각자 정리한 후 이를 나누고 새로운 계획을 세우는 것은 세션의 성패를 좌우한다고 할 만큼 긴요한 일이다. 시간에 쫓겨 생략하거나 내용 없이 넘어가지 않도록 해야한다.

⑦ 코칭 세션 간의 상호작용

일반적으로 그룹 코칭의 세션 주기는 1주에서 1개월 간격으로 이어진다. 자칫하면 세션 사이의 기간 동안 코칭의 효과가 감소될 수도 있다. 따라서 세션과 세션 사이에 코치와 그룹원 간, 그룹원과 그룹원 간의 상호작용이 일상적으로 이루어질 수 있도록 관리해야 한다.

그룹 코칭의 그룹원들은 대개 조직의 리더 역할을 맡고 있기 때문에 바쁜 현장 속에 있다 보면 그룹 코칭에서 결심한 변화 행동을 지속하기가 어렵다. 이럴 때 세션 사이의 상호작용이 행동을 고무하는 역할을 하게 된다. 따라서 그룹 코칭 초기에 그라운드 룰을 정하면서 이에 대한 필요성을 제기하여 그룹원 간의 상호작용 방법을 합의하고, 코치가 이를 활용하여 상호작용이 활발하게 일어나도록 촉진할 필요가 있다. 필요한 자료를 제공하고, 실천 노력에 대한 지지와 인정의 메시지 등을 보냄으로써 행동을 독려할 수 있다. 이메일, 문자메시지, 카카오톡이나 페이스북 등의 소셜미디어나 그룹 카페를 이용하는 것도 효과적이다. 만약 활성화가 잘 되지 않는다면 일부 그룹원들에게 협조를 구하여 주도적인 역할을 맡기는 것도 좋은 방법이다.

시작 단계

시작 단계는 보통 1차와 2차 세션을 일컫는다. 이 단계에서는 그룹을 형성하고 코칭 목표를 결정한다. 그룹을 형성한다는 의미는 일체감과 동기를 부여하는 것이다. 처음에는 개인으로서 참가하는 사람들에게 1차 세션을 통해 그룹의 일원으로서의 정체성과 코칭에 참여하는 내적 동기를 심어준다. 이를 위해 그룹의 이름과 슬로건 등을 정하고 역할을 분담하는 시간을 갖는다. 또 그룹 코칭에서 어떤 필요성을 느끼는지, 기대하는 바가 무엇인지를 이끌어내고 향후 코칭의 초점을 생각하게 한다. 만약 사전에 그룹원들이 진단을 받았다면 개인의 진단 결과를 리뷰하도록 하면서 자연스럽게 공감대를 만들어갈 수도 있다.

이 과정에서 가장 중요한 것은 서로에게 마음을 열고 신뢰하는 분위기를 조성하는 것이다. 숙련된 코치들은 이를 위해 효과적인 도구를 사용한다. 긍정적이고 재미있으며 개인적인 스토리를 나눌 수 있는 것들이다. 예를 들어 상호 인정하기, 굿 뉴스 알리기, 자신의 강점이나 특별한 경험 공유하기 등이다.

코칭 목표는 그룹을 형성하는 과정 속에서 어렵지 않게 도출될 수 있다. 각자가 생각하는 목표를 발표하고 이를 취합하여 공동의 목표를 세운다. 목표가 많을 경우 가장 중요한 목표가 무엇인지 우선순위를 정한다. 너무 많으면 초점이 불분명해지므로 목표는 3가지 이내로 한정한다.

목표가 확정되고 나면 이에 대해 현재 수준과 목표 수준을 정의하고, 그 갭을 줄일 수 있는 행동이 무엇인지 다 함께 토론하여 결정한다. 그렇게 해서 나온 행동 방안들이 본격적인 그룹 코칭에서 계속 실행해나갈 목표가 되는 것이다.

시작 단계에서 코치가 해야 할 일을 정리하면 다음과 같다.

• 앞서 사전 준비 단계에서처럼 그룹원들의 입장에 서서 성공적인 코칭이 될 수 있도록 각 과정을 꼼꼼하게 점검하고 준비한다.

- 세션 시작 전에 세션 장소에 도착하여 자리 배치나 보조자료가 제대로 준비되어 있는지 확인하고, 참가자들이 편안하게 이야기할 수 있는 환경을 만든다.

- 참가자들이 모두 도착하면 자신을 공개하는 시간, 즉 자기소개의 시간을 가짐으로써 래포(rapport, 공감대) 형성을 도모한다. 코치가 먼저 자기소개의 모범을 보여 편안하게 자신을 공개할 수 있는 분위기로 이끈다. 최대한 참여 에너지를 높일 수 있는 도구들을 사용하여 마음을 열고 서로를 신뢰할 수 있게 한다.

- 자기소개의 시간이 끝나면 코칭 진행 전반에 대해 안내한다.

- 이어서 서로 다른 배경을 가진 사람들이 하나의 그룹으로서 일체감과 정체성을 갖게 하기 위해 순간의 몰입과 단합을 이끌어낼 수 있는 그룹의 이름과 구호를 정한다. 또 그라운드 룰을 정하고 역할을 분담한다. 이 결과는 이후 그룹 코칭이 효과적으로 이루어지기 위한 기준과 일정표, 역할표가 된다.

- 1차 세션에서는 경험이 많은 코치의 주도적 역할이 필수불가결하지만, 그룹 코칭은 기본적으로 모든 그룹원들의 자발적인 참여로 진행되어야 좋은 결과를 낳을 수 있다는 점을 잊지 말아야 한다. 요즘에는 택시를 타도 기사가 어떻게 가면 좋을지를 물어본다. 승객 스스로 가는 길을 정하게 하면 수용력을 높여서 목적지에 도착했을 때 만족도를 높일 수 있기 때문이다.

- 공통의 코칭 목표를 설정할 때는 먼저 그룹원들이 자신의 니즈를 명료화하여 목표를 발표하게 한다. 이때 각자의 진단 결과를 상기시키

는 것도 좋은 방법이다. 발표가 끝나면 개인의 목표를 취합하고 자연스러운 토론을 거쳐 우선순위에 따라 공통의 목표를 3가지 이내로 정하게한다. 목표가 명확할수록 그룹 코칭의 질이 높아지고, 결과적으로 그룹원들의 만족도도 올라간다. 그룹 코칭의 목표에는 전체적인 테마와 각개인의 어젠다가 포함된다.

• 목표가 정해진 다음에는 자유 토론을 통해 현재 수준과 목표 수준을 가늠하고 그 간극을 줄일 수 있는 실행 가능한 행동 방안을 마련하게 한다.

• 다음으로 그룹원들에게 다음 세션 때까지 수행할 과제를 정하게한다. 실행 과제는 목표를 향해 지속적으로 나아가게 하는 힘인 성취감을 맛볼 수 있게 해줄 뿐만 아니라, 공개적인 약속이므로 해당 세션이끝나고 현업으로 돌아가더라도 바쁘다는 이유로 그룹 코칭의 스위치를끄지 않고 실행하도록 돕는 역할을 한다.

• 마지막으로 돌아가면서 자신의 성찰일지를 공유하고 그룹원들로부터 인정과 칭찬을 받는 성찰과 마무리의 기회를 갖는다. 이 과정은 인정과 칭찬이라는 코칭기술을 전수하는 좋은 훈련의 장이다. 그룹원들은 자신을 공개하는 두려움을 덜고 자신의 감정을 편안하게 표현함으써통찰을 향해 한 단계 전진할 수 있다. 동시에 인정과 칭찬을 주고받는과정에서 그룹원들 간의 관계가 자연스럽게 공고해진다.

심화 단계

이 단계에서는 본격적으로 행동 목표들을 실천해나간다. 코치는 그룹 코칭의 구조와 스킬들을 활용하면서 그룹원의 의식을 심화시키고 변화된 행동을 하도록 지원한다. 코치의 지지와 동료들의 지원 속에서 안전함을 느낄 때 그룹원들은 더 과감하게 행동에 나서게 된다. 실패를 두려워하거나 타인의 시선을 의식하지 않고 용기 있게 변화를 추구한다. 이 과정은 전형적으로 '실행 계획 세우기→ 실천하기→ 성찰하기→ 새로운 실행 계획 세우기'의 사이클로 진행된다.

코치는 그룹원들이 서로의 경험과 성찰을 나누고 이를 통해 상호 학습하도록 촉진하는 역할을 한다. 여기에는 적극적 경청, 강력한 질문, 도전, 직관 활용, 피드백, 직접적 커뮤니케이션, 인정 등의 모든 코칭스킬이 동원된다.

- 코치는 세션 시작 전에 지정된 장소에 도착하여 지난 세션에 대해 생각을 정리하고, 이번 세션에서 모두가 만족스러운 결과를 얻기를 기대한다.
- 세션을 시작할 때는 지난 세션 이후의 공백을 메울 수 있는 아이스 브레이킹과 래포 형성을 위한 도구를 사용한다. 1차 세션에서 정한 그라운드 룰을 상기시키기도 한다.
- 지난 세션의 실행 계획을 어떻게 실천했는지 서로의 경험과 성찰을 나누고 피드백을 주고받는다. 코치는 그룹원 간의 상호 학습이 일어나도록 촉진하는 역할을 하면서 적합한 코칭스킬을 활용한다.
- 심화 단계가 진행되다 보면 그룹원들이 자연스럽게 코칭에 대한 관심이 높아져 일대일 코칭을 원하거나 코칭 서적 추천이나 정보를 요구

하는 경우가 있다. 이때 간단한 코칭교육을 추가하면 그룹원의 만족도를 높일 수 있다.

- 이 단계에서 에너지 수준을 유지하기 위해 도구를 사용하는 것은 좋으나, 과도하게 사용하면 그룹 코칭의 본질을 훼손할 수 있으므로 주의가 요망된다. 중간에 코치의 지원이 필요하다고 판단되면 전화를 통한 일대일 코칭이나 그룹 활동을 추가할 수도 있다. 실제로 우리 코치들은 일대일 코칭을 실시하여 그룹원과 코치 모두 만족도가 높아지는 경험을 했다.

- 각 세션의 마지막 부분에서 하는 성찰과 마무리는 벤치마킹이나 상호 학습이 일어나도록 돕는 필수적인 시간이다.

마무리 단계

그룹 코칭의 마지막 세션은 지금까지의 코칭을 통해 배운 것을 정리하고, 배운 것을 축하하고 감사와 인정을 나누며, 향후 지속적으로 실행할 계획을 세우고 공유하는 과정이다. 따라서 다른 세션보다 더 공을 들여 생각하고 준비해야 한다.

먼저 마무리 세션에 대해 설계한다. 각자가 그룹 코칭에서 배운 내용을 미리 정리해서 가져오도록 할 것인지, 세션 중간에 시간을 할애하여 동시에 작성하게 할 것인지, 혹은 구두로 발표하게 할 것인지를 결정한다. 또 축하와 감사, 인정 나누기도 어떤 방식으로 진행할 것인지 미리 생각해둔다.

향후 실천 계획은 미리 준비해오도록 공지해두는 것이 좋다. 실천 계획이 발표되고 나면 이를 습관으로 만들 수 있는 구조화 아이디어로 구체화하도록 한다. 예를 들어 인정과 칭찬을 하겠다는 그룹원이라면 '1일 1회 인정하고 이를 탁상 달력에 기록하기'와 같이 구체적으로 명시하도록 하는 것이다. 그룹원들이 서로의 실천 계획을 공유하여 이후에 상호 코칭을 할 수 있도록 매칭하는 것도 좋은 방법이다.

• 코치는 세션 시작 전에 지정된 장소에 도착하여 지난 세션들에 대해 생각을 정리하고, 사전 준비 단계부터 진행해온 그룹 코칭이 모두에게 성공적인 시간으로 남기를 기대한다.

• 마지막 세션이므로 그룹원들이 그룹 코칭이 끝나는 데서 오는 성취감과 동시에 아쉬움을 느낄 수 있다는 점을 인식하고 그러한 느낌을 수용한다.

• 성찰의 시간을 통해 그동안 이루어진 그룹원 각자의 변화를 공유하고 피드백을 받는다. 또 시작 단계에서 설정했던 목표의 달성 여부를 파악해보는 시간을 갖는다. 이와 더불어 목표 달성을 위해 노력하는 과정에서 축하받고 싶었던 사례를 말하게 하고 그룹원의 축하를 요청하는 적극적인 자기 공개를 촉진한다.

• 전체적으로 지금까지의 과정에서 배운 점, 행동한 것, 그리고 향후 실행 계획을 공유함으로써 지속적인 변화와 성장을 위한 스스로의 노력을 다짐하고 그룹원들이 서로의 조력자가 되어줄 수 있는 토대를 구축한다.

• 전체 일정을 마무리하는 동시에 세션 일지를 작성한다. 그렇게 하

지 않으면 마무리를 위한 자료를 만드는 데 어려움을 겪을 수 있다.

사후 평가

사후 평가는 코칭의 성과를 측정하는 것으로 다양하게 이루어질 수 있다. 가장 널리 쓰이는 방법은 도널드 커크패트릭(Donald Kirkpatrick) 위스콘신대 석좌교수가 교육 평가를 위해 개발한 4단계 모형이다. 1단계는 반응(reaction)으로서 고객의 만족도, 2단계는 학습(learning)으로서 고객이 배운 내용, 3단계는 행동(behavior)으로서 변화된 고객의 행동, 4단계는 결과(result)로서 조직에 나타난 긍정적인 성과를 평가하는 것이다. 코칭의 성과 평가에서도 만족도 조사(1단계)와 배운 내용(2단계)에 대한 정리를 하며, 행동 변화(3단계) 측정을 위해 부하, 동료, 상사에게 사후 다면설문을 실시하여 이전의 행동과 달라진 부분을 확인한다. 조직의 성과(4단계)에 미친 영향에 대해서는 평가 과정이 복잡하여 실무적으로 채택되지 못하는 경우가 많다.

사후 평가의 방법은 사전에 협의가 되어 있어야 하며, 정해진 방법으로 사후 측정을 하고 이를 최종 보고서에 포함시킨다. 보고서에는 그룹 코칭의 개요, 만족도, 효과성 평가, 지속 실천 계획 등이 포함된다.

지금까지 그룹 코칭 프로세스 모델을 소개했다. 앞에서도 밝혔듯이 모든 경우에 그대로 적용되는 프로세스는 만들기가 어려우며 설사 있다고 해도 현장에서 그대로 적용하기에는 곤란한 점이 많다. 그런 점에서 여기서 제시한 프로세스는 전체 윤곽을 한눈에 보여주고 진행 경로를 알려주는 이정표 정도로 활용하면 될 것이다.

3

훌륭한
그룹 코치는
어떤 사람인가

홀륭한 그룹 코치는 어떤 사람일까? 좋은 코치가 되기 위해서는 많은 학습을 통해 인간의 변화와 성장에 대한 지식을 쌓아야 하며, 실제 코칭을 효과적으로 수행할 수 있는 기술적인 능력도 갖춰야 한다. 하지만 우리는 종종 지식도 기술도 없는 시장 할머니로부터 감동을 받고 인생의 변화를 경험하기도 한다. 삶에 대한 그분의 태도가 강한 느낌으로 가슴에 공명을 일으키기 때문이다. 이것이 인간적인 영향력의 위대함이다. 이 장에서는 좋은 코치가 되기 위해 갖춰야 할 품성과 태도를 다룬다.

나는 어떤 코치인가

자기 인식

미국의 발달심리학자인 하워드 가드너(Howard Gardner) 박사는 다중 지능이론을 통해 지능을 단순히 IQ로 평가하던 과거의 방식을 부정하고 인간에게 다양한 능력이 있다는 새로운 패러다임을 제시했다. 실제로 음악, 운동, 수학, 언어 등의 분야에서 뛰어난 업적을 이룬 사람들을 대상으로 조사한 결과 해당 지능이 높은 것으로 확인되었다. 이 조사로부터 또 하나의 중요한 결론이 도출되었는데, 그들은 공통적으로 자기 분야의 지능뿐 아니라 자기 성찰 지능이 매우 높다는 것이었다.

코치의 자기 인식

훌륭한 코치가 되는 길은 자신을 정확히 인식하는 것으로부터 시작된다. 코치 스스로 자신의 감각, 사고, 감정, 욕구, 신체적 반응 등을 알아차리는 것이 중요하다. 무사가 칼을 갈고 목수가 연장을 손질하듯이 자신을 살피고 닦아야 한다. 그러기 위해서는 단순히 자극에 반응하는 일상적 단계를 뛰어넘어 보다 높은 차원에서 자신을 바라볼 수 있어야 한다. '내 삶을 충만하게 하는 것은 무엇인가?' '나는 어떤 것에 가치를 두는가?' '내 가슴을 답답하게 하는 것의 실체는 무엇인가?' '내가 느끼는 화는 어디로부터 온 것인가?' '이 생각은 주관적 판단인가 아니면 객관적 사실인가?' '지금 내가 한 말은 충고인가, 호기심인가?' '나는 상대로부터 무엇을 원하는가?' 등의 질문에 답할 수 있어야 한다.

이러한 자기 인식의 과정을 거친 코치는 판단하지 않고 타인을 보다 겸허히 수용하게 되며 중립적이고 순수한, 자신의 에고를 내려놓은 코칭을 할 수 있게 된다.

자기 인식을 잘하는 코치가 되려면

코치는 자신의 경험을 개방적이고 수용적으로 받아들여 자신에 대한 인식을 충분히 쌓아가야 한다. 지나온 삶의 기억, 현재 맺고 있는 관계에 대한 태도, 의식적이거나 무의식적인 욕구와 가치관, 미래의 꿈과 비전 등 자신에 대해 알아야 할 것들은 많다. 자신에 대해 알면 알수록 의식이 높아진다. 자신을 건강하게 정립하기 위한 성찰과 셀프 코칭이 필요하며, 멘토 코치로부터 코칭을 받는 것도 좋은 방법이다.

자기 인식이 높은 코치는 깨끗한 거울처럼 고객의 모습을 있는 그대로 비춰주어 고객이 코치로부터 자신의 모습을 만나고 스스로를 성찰할 수 있도록 돕는다.

사례

그룹원 A : 팀원들이 일을 잘했을 때 칭찬하기는 쉬워요. 하지만 결과가 마음에 안 들 때는 어떻게 해야 할지 잘 모르겠어요. 아무리 찾아봐도 잘한 구석이란 없고, 또 야단을 쳐도 사이만 나빠질 뿐 효과도 없는 것 같고. 코치님, 이럴 때는 어떻게 해야 합니까?

(이때 코치는 자신의 전문성을 드러내어 전체 그룹원들에게 자랑하고 인정받고 싶은 마음이 든다는 것을 인식했다. 교정적 피드백의 방법을 잘 알고 있고 효과적으로 가르친 경험도 있기 때문이다. 하지만 어떻게 하는 것이 그룹에 진정 유익한 것인지를 다시 한 번 생각했다.)

코치 : 그렇죠. 성과가 안 나오는 팀원을 육성하는 일은 정말 중요하고도 어려운 일입니다. 혹시 여기 계신 다른 분들 중에서 이런 경우에 효과적으로 팀원을 지도했던 경험이 있으시면 나눠주시면 고맙겠습니다.

그룹원 B : 우리 팀에도 아주 힘든 친구가 한 명 있었는데요. 저는 이렇게 해보니 효과가 있었습니다. …

(그룹원들이 자신의 경험을 공유하는 가운데 효과적인 상호 학습이 있었

고, 다소 부족한 부분은 코치의 보충으로 마무리할 수 있었다. 고민을 토로한 그룹원은 자기만 그런 고민을 갖고 있는 것이 아니라는 사실에 안도하며 여러 가지 실행 방안을 얻을 수 있었다. 자신의 경험과 노하우를 공유한 다른 그룹원들 역시 새로운 배움을 얻게 되었고, 그룹에 기여하고 있음을 스스로 자랑스럽게 느꼈다.)

'진심'이 관계를 만든다

진정성은 숨기거나 꾸미지 않은, 진실된 사고, 감정, 행동을 말한다. 코칭 상황에서 진정성을 보인다는 것은, 코치가 그룹원들에게 자신의 생각과 느낌, 욕구를 솔직하고 자유롭게 표현하는 것이다. 진정성 있는 코치는 자신의 내면을 성찰하고 생각과 감정을 꾸밈없이 드러냄으로써 그룹원들로 하여금 코치도 그들과 결코 다르지 않은 같은 인간이라는 동질성을 느끼게 한다. 동질성은 사람들 사이의 거리를 좁히고 정서적으로 가까워지게 한다.

진정성의 영향력

그룹원들은 코치의 진솔한 자기 개방을 보면서 자신의 생각과 감정을 자유롭게 표현하는 것이 허용된다는 사실을 간접 경험하고 스스로를 열 수 있는 용기를 갖게 된다. 이로 인해 그룹 안의 상호작용이 더욱 활발해지고, 각자의 경험이 공유됨에 따라 상호 학습의 기회가 크게 늘어나게 된다.

진정성 있는 코치가 되려면

자신의 사고와 감정을 자연스럽게 표현하기 위해서는 평소에도 자신의 내적 경험을 인식하고 그것을 조리 있고 명료하게 표현할 수 있어야 한다. 그런데 대부분의 사람들은 감정을 표현하는 일이 서툴고 힘들다. 유능한 코치가 되려면 이러한 어려움을 딛고 자신을 개방할 수 있는 내적 자질을 개발해야 한다. 그러려면 자신이 느끼는 감정이 무엇인지를 알아차리는 것이 먼저다. 대개 체면이나 당위, 사회적 잣대에 맞추어 감정을 느끼기도 전에 억눌러버리는 경우가 다반사이기 때문이다. 안전하고 수용적인 관계 위에서 자신의 느낌을 짧고 솔직하게 표현하는 훈련이 도움이 될 것이다.

자기 개방에서 주의할 점

그렇다고 진정성을 무엇이든 말해도 된다는 것으로 오해해서는 안 된다. 코치는 자신의 언행이 그룹에 미칠 영향을 고려하여 긍정적인 파급효과를 가져올 내용에 한해 적절한 수준으로 개방하여야 한다. 예를 들어 무엇이 옳고 그르냐를 가리는 가치 판단과 관련한 문제에 대해서는 자신의 의견을 주장하기보다 중립을 유지하며 다양한 가치를 받아들이는 유연성을 가져야 할 것이다.

가면을 벗자

코치는 일의 특성상 늘 성장하고자 하며 높은 기준을 추구하게 된다. 그래서 자칫하면 완벽주의의 함정에 빠지기 쉽다. 그러나 결코 완벽한 사람이 되려고 노력할 필요가 없다. 누구도 완벽하지 않다는 사실을 모두가 알고 있기 때문이다. 가면을 쓰면 코칭의 생생함도, 파워도 떨어지고 힘이 든다. 진정성 있는 코치는 가면을 벗고 자신의 맨 얼굴을 고객에게 드러낼 수 있는 사람이다.

사례

(총 10회로 설계된 그룹 코칭의 7차 세션의 한 장면)

그룹원 A : 가만히 보니 코치님은 우리가 하는 말을 듣고 그 안에서 좋은 것만 찾아 피드백해주시는 것 같은데, 너무 교과서적인 것 같아요.

(이 말을 듣는 순간 코치는 얼굴이 뜨거워지며 수치심과 함께 방어하고 싶은 생각이 들었지만, 변명하거나 상대를 비난하지 않고 자신의 느낌을 솔직하게 표현했다.)

　코치 : 아, 그 말씀을 들으니 제가 코치 노릇을 제대로 하지 못하고 너무 기계적으로만 반응한 것 같아 부끄러워지네요.

　그룹원 B : 저는 좀 다르게 생각하는데, 우리가 팀원들을 볼 때 코치님이 하는 것처럼 개인의 장점을 찾아 얘기해주는 것은 배워야 할 것 같아요.

(이후 같은 사안에 대해 바라보는 시각이 각자 다를 수 있다는 것을 주제로 다양한 의견이 개진되었다.)

지켜야 산다

윤리성

윤리성은 인간의 중요한 특성일 뿐 아니라 코치로서 반드시 지켜야 할 의무이다. 한국코치협회는 다음의 4개 윤리강령으로 코치의 윤리성을 강조하고 있다.

- 코치는 개인적인 차원과 더불어 공공과 사회의 이익을 우선한다.
- 코치는 승승의 원칙에 의거해 개인, 조직, 기관, 단체와 협력한다.
- 코치는 지속적인 성장을 위해 학습한다.
- 코치는 신의 성실성의 원칙에 의거하여 행동한다.

코칭 직무와 관련한 윤리

코치는 코칭 직무와 관련하여 성실, 비밀, 이해의 대립에 대한 의무를 지켜야 한다. 비즈니스 코칭의 경우 고객과 코치 외에도 스폰서(HR담당자, 상사 또는 CEO등)라는 이해관계자가 존재하기 때문에 각자의 이해관계가 충돌하는 일이 생길 수 있다. 예를 들어 회사의 핵심 인재인 부서장을 코칭하는데 그가 이직을 고려하고 있다면 코치로서 어떻게 할 것인가? 코칭 초기에 비밀 유지를 보장하되, 한계가 있다는 점을 분명히 해야 한다. 코칭 준비 단계에서 이해관계자 간 코칭 윤리의 한계에 대해 최대한 명료하게 정리하는 것이 바람직하다.

그룹 코칭과 윤리

그룹 코칭에서 비밀 유지의 의무는 특히 중요하다. 비밀 유지의 의무가 코치 개인뿐 아니라 모든 그룹원들에게 작용하기 때문이다. 그룹원들의 자기 개방과 자유로운 의사 표현은 비밀의 보장이라는 안전한 토대 위에서 가능하다. 여기서 상호작용이 활발하게 일어나는 그룹 코칭의 역동성이 발휘되고, 이 역동성이야말로 그룹 코칭이 다른 코칭과 차별화되는 핵심이므로 이를 활성화시키기 위해서는 코치와 그룹원들, 그리고 그룹원들 사이에 깊은 신뢰가 뒷받침되어야 한다.

코치는 코칭 공간을 안전한 환경으로 만들기 위해 그룹원 상호 간의 비밀 보장이 유지되도록 각별히 신경 써야 한다. 코칭 시간에는 모든 이야기가 가능하지만 거기에서 듣고 알게 된 것을 유출되지 않게 해야 한다. 밖에서는 철저히 서로의 개인사를 존중하고 언급하지 않도록 주지시킬 필요가 있다.

또한 코치는 그룹 코칭 구성원들과 이해관계에 얽힌 행동을 해서는 안 된다. 예를 들어 코칭하면서 동시에 인사평가를 하거나, 고객과의 관계를 개인적 이익을 위해 활용하는 일(투자 등)은 코칭 윤리에 어긋나는 것이다.

태도가 중요하다

존중은 코치가 고객과 협력적인 코칭 관계를 형성하기 위해 필수적으로 취해야 할 태도 가운데 하나다. 고객을 고유하고 소중한 존재로 대하는 것이다.

인간에 대한 코치의 관점

코칭은 서구에서 체계화되었지만 인간에 대한 관점에서는 동양의 옛 사상과 일치하는 면이 많다. 《명심보감》에 '하늘은 자신의 일감을 가지지 않은 사람을 내지 않고, 땅은 자신의 이름을 가지지 않은 풀을 키우지 않는다(天不生無祿之人, 地不長無名之草)'는 구절이 있다. 이는 그대로 코칭의 철학과 일맥상통한다. 사람은 저마다 소명과 개성을 가진 유일하고 귀한 존재이며, 성장의 잠재력을 내포한 존재라는 것이다.

존중은 행동

코치 U의 제니퍼 코빈(Jennifer Corbin) 사장은 수많은 고객들과 협력해온 경험을 바탕으로 코치가 따라야 할 9가지 원칙을 다음과 같이 제시했다.

1. 사람들은 공통점을 가지고 있다.
2. 사람들은 호기심이 많다.
3. 사람들은 기여한다.
4. 사람들은 연결을 통해 성장한다.
5. 사람들은 가치를 추구한다.
6. 사람들은 자기 이익을 좇아 행동한다.
7. 사람들은 자신의 인식에 기초하여 살아간다.
8. 사람들은 선택할 수 있다.
9. 사람들은 각자가 자신의 성실성 수준을 정한다.

6, 7, 9의 원칙에서는 고객의 개성과 고유성에 대한 인식이 드러나고, 3, 5의 원칙에서는 고귀함과 소중함에 대한 관점이 나타나 있다. 또 1, 2, 4의 원칙에서는 성장의 잠재력과 방식에 대한 이해가 표현되어 있다.

탁월한 코치는 이렇듯 모든 고객이 고유하고 소중한 존재라는 인식, 고객이 사람들과 더불어 상호작용하면서 성장한다는 믿음을 가지고 있다.

고객에 대한 코치의 존중은 고객이 코치 자신과 인간으로서 공통점을 가지고 있을 뿐 아니라 그보다 더 많은 다른 점을 지닌 존재로 대하는 것으로부터 시작된다. 그룹 코칭의 경우에는 그룹원들의 다양성과 가치를 일깨워주고 서로 존중하도록 돕는 행위로 표현된다. 존중은 분명한 행동으로 표출되어야 한다. 부서의 리더나 전문 코치로 그룹을 코칭할 때 존중을 표현하는 기회를 만들어야 한다. 예를 들어보자.

- 그룹원들 중 누군가가 불평을 늘어놓으며 집중하지 못할 때 그럴 만한 이유가 있을 것으로 여기며 따뜻하게 주시한다.
- 코치에게 꽤 쓸 만한 해법이 있다. 그럼에도 불구하고 고객이 스스로 확신하는 해법을 선택하게 한다.
- 코치가 많은 관련 지식을 가지고 있다. 그럼에도 불구하고 그룹원들이 아이디어와 피드백을 주고받으며 서로에게 배우고 서로를 존중할 기회를 준다.
- 그룹원 어느 누구도 필요한 지식이나 정보를 알지 못할 때가 있다. 코치가 그룹원의 일원으로서 지식이나 정보를 내놓되 그것을 받아들이도록 강요하지 않는다.
- 어떤 그룹원의 언행이 명백히 잘못되었거나 무언가 의구심이 들 때 그룹원의 일원으로서 그것에 대해 문제를 제기하고 재검토할 기회를

제공한다. 마찬가지로 코치의 관점이나 의견을 채택할 것을 강요하지 않는다.

존중의 효과

존중은 성과를 낳는다. 자신의 고유성과 가치, 가능성, 그리고 선택권을 존중받은 사람은 자신의 결정과 실행 과정, 나아가 결과에 책임을 진다. 세상만사는 잘될 때도 있고 안 될 때도 있다. 잘할 때도 있고 못할 때도 있다. 존중은 잘못된 것을 바로잡고 실패로부터 학습하여 더 큰 도전을 감행할 수 있는 큰 사람으로 성장시키며 원하는 결과를 얻기 위해 최선을 다하게 한다. 존중을 통해 고객이 자각하고 스스로 결정하여 실행함으로써 책임지게 한다는 코칭의 목적이 효과를 낳는다.

좋을 때도 나쁠 때도 있지만

긍정성

코치는 사람과 상황, 그리고 삶에 대해 긍정적인 태도를 갖는다.

도전 상황

긍정적인 태도를 가진다는 것은 언제나 긍정적인 감정과 상태만 경험한다는 뜻이 아니다. 사람은 누구나 원하건 원하지 않건 자신의 일과 삶에서 변화의 한 지점을 지나게 되며, 그 지점이 오르막이거나 정상일 수도 있고 내리막이거나 바닥일 수도 있다. 간단히 말해서 좋을 때도 있고 나쁠 때도 있는 법이다. 그러는 가운데 사람은 각자가 원하는 것을 얻기 위해 앞으로 나아간다. 원하는 것을 향해 나아가는 사람이 내리막으로

가는 지점을 만났을 때 우리는 그것을 역경, 고난, 장애, 도전 상황이라
고 부른다.

가능성, 자원, 희망의 포착

코칭은 고객이 원하는 목표 수준과 현실 수준 사이에 차이가 있기에
성립되는 활동이다. 이 차이가 크면 클수록 고객이 느끼는 곤란함이 크
고, 목표와 학습의 성취 정도도 커진다. 고객만이 아니라 코치도 코칭
과정 중에 곤란함을 경험하게 되는데, 코치의 긍정성이란 코치가 고객
과 코치 자신이 경험하는 역경, 고난, 장애를 뛰어넘을 수 있는 가능성,
자원, 희망을 포착하여 가야 할 길을 밝히는 것이다. 달리 말하면 고객
과 코치 자신이 직면하는 역경, 고난, 장애 덕분에 생겨난 능력이 긍정
성이며, 이러한 긍정성은 코칭 장면에서 여러 형태로 표현된다.

- 긍정적인 코치는 고객과 코치 자신의 목표에 끝까지 전념하는 끈
기를 보여준다.
- 긍정적인 코치는 고객이 늘 자신에게 최선의 선택을 해왔다는 것
을 인정한다.
- 긍정적인 코치는 고객 자신보다 고객의 강점을 더 잘 발견하여 거
울처럼 비추어준다.
- 긍정적인 코치는 고객이 효과가 있거나 더 효과가 큰 것을 지속적
으로 창안해내게 한다.

- 긍정적인 코치는 그룹원들끼리 서로 배우고 나누는 공간을 끊임없이 만들어낸다.
- 긍정적인 코치는 밝은 에너지 자체만으로 뭔가 되는 분위기를 조성한다.
- 긍정적인 코치는 설사 코칭 중에 어려운 일이 발생해도 그 속에서 교훈을 잘 이끌어낸다.
- 긍정적인 코치는 두려움 앞에 당당히 맞서고, 일관성을 유지한다.
- 긍정적인 코치는 너그러운 마음으로 시행착오를 받아들인다.
- 긍정적인 코치는 감정의 소용돌이 속에서도 초연함을 유지하여 자신이 어떻게 행동할 것인지 자유롭게 선택한다.

용기 있는 자에게 고객 있다

도전할 수
있는 용기

"그룹 코칭이 너무 별일 없이 진행되어 오히려 코칭이 잘되고 있지 않은 것 같아 걱정입니다."

그룹 코칭을 진행하는 코치 한 명이 다른 코치들에게 털어놓은 고민이다. 걱정도 팔자라고 생각할 수 있지만 이것은 사실 근거 있는 염려다. 별일이 없다는 것은 그룹원들이 현재 '편안하게 느끼는 영역, 안전지대(comfort zone)' 안에서만 코칭이 이루어지고 있으며, 그 영역을 확장하려는 '도전'이 이루어지고 있지 않다는 증거일 수 있기 때문이다.

"이게 최선입니까? 확실해요?"

한 TV드라마에서 주인공인 사장이 임원들에게 하는 질문이 인기를 끈 적이 있다. 이런 식의 지적을 받으면 기분이 상할 수 있지만, 매너리

즘에 빠져 있거나 예측 가능한 행동만을 반복하고 있는 사람들에게는 도전이 될 수 있다. 코치는 상대방의 잠재력을 믿고 성장을 이끌어내는 사람이기 때문에 도전을 하지 않으면 안 된다.

코칭은 변화에 관한 것이다. 변화를 위해 코치는 존재한다. 고객 역시 인간적으로나 사업적으로 성장하기 위해 코치를 고용한다. 고객이 습관적인 생각과 행동의 패턴에 묶여 있거나 자신의 가능성을 스스로 제한하고 있을 때 그 장애를 넘어 도전할 수 있는 능력이 코치에게 필수적이라는 뜻이다.

그룹 코칭에서 도전의 특징

그룹 코칭에서의 도전은 개인 코칭과 다른 점이 몇 가지 있다. 먼저 그룹 전체에 도전하는 아래의 예를 살펴보자.

코치 : 다음 세션까지 우리 그룹의 목표 행동을 몇 번이나 할지 정했으면 좋겠습니다.

그룹원 A : 일주일에 한 번 하죠.

다른 그룹원들 : 좋아요~.

코치 : (웃으며) 제가 보기엔 의지만 확고하다면 일주일에 3번도 가능하실 것 같은데요.

그룹원 A : 그럼 일주일에 두 번 해보면 어떨까요?

코치가 혼자서 다수의 의견이나 암묵적인 합의에 도전을 하기 위해서는 용기가 필요하다. 기업에서 진행하는 그룹 코칭을 보면 그룹원들이 각 세션 이후에 할 과제를 되도록 줄이려는 분위기를 만들기도 한다. 바쁜 일정과 성과에 대한 압박에 시달리다 보니 그룹 코칭은 회사에서 시키니까 어쩔 수 없이 해야 하는 교육의 하나라고 생각하는 사람도 있다. 하지만 이런 분위기와 타협하면 고객을 도울 수 없다. 고객은 코칭으로 성과를 내지 못하고 시간과 돈을 낭비하게 한다. 이것을 코치는 명확히 인식하고 중심을 잡을 필요가 있다.

코치가 그룹 전체가 아닌 그룹원 한 사람에게 도전을 해야 하는 경우도 있다.

그룹원 : 저는 작년 대비 2%의 매출 성장을 목표로 잡았습니다.

코치 : 그 목표가 부장님 자신의 잠재력을 최대한 발휘했을 때 이룰 수 있는 최고치인가요?

그룹원 : 음… 현실적으로는 최선의 목표라고 생각합니다.

코치 : '현실적'이란 어떤 의미인가요?

그룹원 : 네…. 사실 조직에서 너무 높은 목표를 설정하면 난처한 경우가 있습니다. 목표를 달성하지 못해도 곤란하고, 혹시 목표를 달성하더라도 윗분들이 그다음 해에는 그보다 더 높은 목표를 달성하라고 다그칠 것이 뻔하거든요. 그러니까 우리 회사 같은 조직에서는 힘 조절이 어느 정도는 필요하다, 이 말입니다. 하하.

다른 그룹원들 : 맞아, 맞아(모두 동감하며 웃는다).

코치 : 아하, 그러니까 올해 더 높은 목표를 세울 수도 있지만 혹시 목표를 달성하지 못할 경우나 내년을 생각해서 목표를 조금 낮게 조정하는 것이 현실적이라고 생각하시는 거로군요.

그룹원 : 그렇죠.

코치 : 그런 고려 때문에 목표를 낮춰 잡으면 본인의 노력에 어떤 영향이 있나요?

그룹원 : 음… 현실에 안주하는 면이 있죠. 지금 하는 것을 조금만 더 잘하면 되니까요.

코치 : 그렇다면 본인이 생각하는 최고치를 목표로 세웠을 때는요?

그룹원 : 음… 정말 달성하기 어려운 목표를 무슨 수를 써서라도 달성하겠다고 결심하면 훨씬 더 도전적으로 일을 하겠죠. 새로운 아이디어를 내고, 수익성이 높은 신사업도 추진하고요.

그룹 코칭에서 한 명의 그룹원에게 도전을 하는 경우에는 보다 세심한 주의가 필요하다. 그룹원은 아무래도 코치가 자신보다 더 영향력이 세다고 느낄 수 있으므로 코치가 도전해오면 움츠러들 수 있다. 따라서 도전을 통해 고객이 새로운 가능성을 볼 수 있게 하기 위해서는 코치와 신뢰관계, 즉 래포가 형성되어 있어야 한다. '이 사람이 나를 공격하는 것이 아니라 나를 진심으로 위하고 있고, 나의 발전을 위해 이렇게 도전하는구나'라고 고객이 받아들일 경우 코치의 도전은 더욱 강력한 효과를 발휘한다.

코치와 금광

도전을 효과적으로 하기 위해서는 코치가 자기 내면을 잘 관찰하는 것이 중요하다. 그렇지 않으면 자칫 고객을 위한 도전이 아니라 자신의 에고(ego)를 만족시키는 행위로 전락할 수 있다. 자신의 주장이 강하고 상대방을 통제하려는 욕구가 강한 코치는 고객을 위한 도전과 상대를 제압하여 자신의 뜻대로 이끌려는 에고를 혼동할 수 있다. 또 다른 사람들로부터 인정을 받으려는 욕구가 강한 코치는 고객을 칭찬하고 인정하는 데 바쁜 나머지 고객을 불편하게 하는 도전을 피하기도 한다. 그리고 고객의 잠재력을 믿지 못하는 코치는 고객이 도전을 감당하지 못하는 상황을 두려워하여 안전한 선택을 하게 된다. 이런 유형의 코치 한 명이 털어놓은 이야기이다.

"바쁜 임원들이라 부담을 줄여주기 위해 과제를 되도록 안 주었어요. 과제를 못 마친 그룹원이 많으면 사기도 저하되고. 그런데 어느 날은 무리이겠다 싶으면서도 한번 도전적인 과제를 던져봤는데 다음 세션까지 모두가 해오셨더군요. 그날은 코칭도 더 열띠게 진행되었어요. 그것을 보며 코치로서 제가 고객들의 잠재력을 과소평가했구나 하는 반성을 했습니다."

도전하지 않는 코치는 금광 입구에서 서성거리는 얼치기 광부와 같다. 저 안에 금맥이 있다는 것을 확신하고 내 손에 그것을 캐낼 튼튼한 곡괭이가 쥐어져 있다면 왜 그 안으로 들어가지 않겠는가. 훌륭한 코치는 고객에게 도전하며, 고객과의 신뢰관계는 도전을 통해 더욱 깊어진다.

우리는 이어져 있다

통찰력

한 세일즈맨이 경영자 조찬모임에 참석하는 것과 관련해 코치와 이야기를 나누고 있었다.

"경영자 조찬모임에 참석해서 고객을 소개받을 인맥을 넓히고 싶은데, 회사에 매인 몸이라 쉽지가 않습니다. 그런 모임은 대개 9시는 돼야 끝나는데, 회사 방침상 아침 8시 반까지 출근해야 하니…."

"그러시군요. 회사 방침이라고 하셨는데, 출근 규정이 회사의 모든 영업사원들에게 예외 없이 적용되는 것인가요?"

"아, 뭐… 그런 것은 아니고요. 영업소장에 따라 적용하는 방법이 좀 다를 수는 있죠."

고객의 목소리 톤과 표정에서 미묘한 흔들림을 느낀 코치가 바로 질문을 던졌다.

"영업소장이라는 말씀을 하실 때 별로 표정이 좋아 보이시지 않았는데, 영업소장님과는 어떻게 지내고 계시나요?"

"흠… 사실 영업소장이 저와 동갑인데, 현장을 잘 모르는 본사 출신이라 너무 원칙만 따져서 관계가 썩 좋지는 않습니다."

그 후 코칭 대화는 어떻게 하면 영업소장과의 관계를 회복하고 함께 해결책을 찾을 수 있는가에 초점을 맞추어 진행되었다.

통찰력에 대해 명쾌한 설명을 한 사람 중 하나로 일본에서 코칭의 선구자로 불리는 에노모토 히데타케(價本英剛)를 들 수 있다. 그는 사람들은 고립된 섬처럼 독립적인 의식을 갖고 있는 것처럼 보이지만 잠재의식, 무의식의 심연은 하나로 연결되어 있다고 말한다. 고객과 코치와의 사이에 충분한 신뢰관계가 형성되어 있으면 고객의 모습을 보고 코치의 마음의 스크린에 언뜻 생뚱맞은 것 같은 질문이나 직관이 나타나곤 한다. 위의 코칭 대화에서 알 수 있는 것처럼, 고객은 회사 규정 때문에 하고 싶은 활동을 못한다고 했지만 실상 문제의 본질은 영업소장과의 관계에 있었고, 코치가 이를 간파한 질문을 던진 것이다. 그래서 에노모토 히데타케는 '통찰력'을 경청, 질문 등과 함께 코치의 핵심 능력으로 꼽는다.

통찰을 얻는 방법

그룹 코칭을 효과적으로 하기 위한 통찰은 어떻게 얻을 수 있을까? 먼저 자유로운 마음가짐을 갖는 것이다. 그룹 코칭을 하면 보통 첫 세션에서 이후의 세션 주제들을 정하게 되고, 그룹 코치는 개인 코칭 때보다 더 많은 계획과 준비를 하고 시간을 허투루 쓰지 않기 위해 그 계획대로 움직인다. 하지만 이렇게 짜인 각본대로 진행되는 그룹 코칭에는 통찰이 피어 오를 공간이 없다. 바람의 방향을 알려주는 풍향계는 느슨하게 매어 있는 것처럼, 통찰을 잡아채는 마음은 영감이 가리키는 대로 흔들릴 여유를 갖고 있다. 대략적인 계획을 부드럽게 쥐고 있는 상태가 그룹 코칭에서 코치가 통찰을 얻을 수 있는 마음가짐이라고 할 수 있다.

자유로운 마음가짐은 자유로운 몸가짐으로 표현된다. 반대로 자유로운 몸가짐이 자유로운 마음가짐을 부르기도 한다. 따라서 반듯한 자세를 취하되 얼굴과 어깨, 온몸에서 힘을 빼고 부드러운 자세로 코칭에 임하면 통찰을 얻는 데 도움이 된다.

둘째, 중심을 낮추는 것이다. 에노모토 히데타케가 말한 것처럼 통찰이 나오려면 코치가 고객과 무의식의 수준에서 연결되는 것이 중요하다. 의식이 왕성할 때는 중심이 머리에 있지만 무의식이 왕성할 때는 중심이 머리 아래로 간다. 중심을 낮추기 위해서는 머리에 있는 의식을 아래로 끌어내리는 것이 중요하며, 그 방편으로는 심호흡이 효과적이다. '범인은 가슴팍으로 숨쉬고 현인은 발뒤꿈치로 숨쉰다'는 말이 있다. 숨을 발뒤꿈치에 닿을 정도로 낮게 끌어 내리면 중심을 낮출 수 있고, 그

속에서 통찰을 만날 수 있다.

셋째, 세심하게 관찰하는 것이다. 그룹 코칭에서는 그룹원 개개인, 그룹 전체, 그리고 그 안에서 상호작용하고 있는 코치 자신, 이렇게 세 대상에 대한 세심한 관찰을 통해 통찰을 얻을 수 있다. 그룹원 개개인에 대해서는 얼굴 표정, 얼굴색, 중심의 위치(몸의 어느 부위를 움직여 호흡을 하는지), 목소리의 맑고 탁함, 힘찬 정도, 전반적인 에너지 수준 등을 살펴 통찰에 이를 수 있다. 그룹 전체에 대해서는 그룹원들이 주고받는 대화, 몸짓, 전반적인 에너지 수준 등을 지켜보면서 통찰을 얻는다. 코칭 환경 안에 놓인 코치 자신에 대해서는 얼굴과 몸의 긴장감, 중심의 위치, 마음이 가벼운지 무거운지 등을 확인하여 통찰한다. 나 자신은 외부 세계를 바라보는 창과 같다. 노란색 선글라스를 쓰면 모든 것이 노랗게 보이듯이 나의 상태에 따라 그룹원 개개인과 그룹 전체를 관찰하는 내용이 영향을 받는다. 스스로를 잘 점검하는 것만으로도 마음이 가라앉게 되고, 가지런한 상태에서 외부를 통찰할 수 있게 된다.

마지막으로, 통찰을 기다리는 것이다. 버스를 기다리면 버스가 오고, 비를 기다리면 비가 오듯 통찰을 기다리면 통찰이 온다. 기다리는 마음이 마음의 눈을 뜨게 하고, 빛나는 보석 같은 통찰이 스쳐가는 것을 잡을 수 있게 한다.

통찰력 있는 코치

통찰력이 있는 코치는 영혼이 맑은 코치다. 맑은 영혼은 하루 아침에

얻어지지 않는다. 개천물이 정화 과정을 거쳐 1급수가 되는 것처럼 반성하고, 감사하고, 표현하고, 사랑하는 일상의 행동들이 쌓여 세파에 찌든 영혼의 때가 벗겨진다. 오늘 먹는 밥 한끼, 내뱉는 말 한마디, 쉬는 숨 한 번, 이 모든 것들이 코치로서의 통찰력과 연결된다는 사실을 알아야 한다. 맑은 영혼으로 통찰하는 코치는 그런 일상의 작은 일들에 정성을 다하는 사람이다.

코치는 쉬지 않는다

배우려는
자세

유능한 그룹 코치는 배우려는 자세, 즉 학습에 대한 의지가 강한 사람이다. 왜 배우려는 자세가 중요할까? 코치가 진지하게 배우려는 자세를 가지면 그룹 코칭에서 자연스레 상호 학습의 분위기가 형성되기 때문이다. 그룹 코칭의 분위기를 가장 크게 좌우하는 것이 코치다. 따라서 코치가 공부하는 모습을 보이면 그룹 코칭이 서로 배우고 가르치는 집단지성의 장이 된다. 또한 서로 다른 개성을 가진 그룹원들 간의 갈등이 줄어든다.

공자가 《논어》에서 제시한 군자의 모습은 훌륭한 그룹 코치의 모델이다. 논어는 '배우고 때때로 익히면 즐겁지 아니한가(學而時習之不亦說乎)'라는 말로 시작한다. '세 사람이 걷고 있으면 반드시 그중에 나의 스승이 있다(三人行必有我師)'고 말한다. 군자는 배우는 사람이다. 《논어》의 군자처럼 그룹 코치도 본인이 아는 바를 가르치고 설명하기보다는 겸손한 자세로 그룹원들의 역동성을 믿고 받아들이며, 의견이 다를 때도 그들이 옳을 수 있다고 인정하는 열린 마음을 갖는다. 무엇을 배울까 하는 호기심으로 그룹원들을 대하며 실제로 적용하면서 기뻐한다.

이렇게 코치가 모범을 보이면 그룹원들도 같은 자세로 지지해주며, 더불어 배울 수 있다는 깨달음으로 인해 그룹의 역동성이 자랄 수 있는 환경이 조성된다.

사례

그룹원 A : 팀원들의 성격유형을 알면 좋은 관계를 만드는 데 도움이 될 듯한데 어떤 방법이 있나요?

(코치는 성격유형 분석의 도구인 MBTI와 에니어그램의 전문가지만 나서지 않는다.)

코치 : 좋은 방법을 알고 계신 분이 있으면 소개해주시면 감사하겠습니다.

그룹원 B : 제가 MBTI를 이용해서 좋은 효과를 보았습니다.

코치 : 저도 효과적이라고 알고 있는데, 함께 나누어주시겠습니까?

이것만 있다면

좋은 그룹 코치는 그룹과 그룹원 개개인을 도우려는 마음이 강하다. 이 마음은 자신이 우월하다고 생각하고 의무감이나 책임감에서 베푸는 것이 아니라, 각 개인을 온전한 존재로 인정하고 관계를 통해 의미를 나누며 자신이 지닌 것을 기꺼이 내어주는 것이다.

내 안의 존재가 상대방을 위한 마음으로 가득한 자체가 도우려는 마음의 시작이자 목적이다. 즉 돕는 행위를 통한 사후의 결과나 그 어떤 기대를 품지 않은 순수한 상태가 진정한 도움의 마음가짐이라고 할 수 있다. 그런 마음가짐이 행동으로 자연스럽게 표출되는 것이다.

그룹 코칭을 진행하다 보면 모든 상황이 순조롭게 흘러가지만은 않는다. 적극적인 협조와 참여로 코칭에 역동성을 부여하는 그룹원이 있는가 하면, 불필요한 갈등을 일으키는 그룹원도 있게 마련이다. 이때 코치는 그를 해결해야 할 문제로 인식하지 않는다. 호기심을 갖고 그의 문제를 함께하여 그룹 코칭에 동참하도록 이끈다. 다른 그룹원을 돕는 마음과는 또 다른 차원의 돕는 마음이라고 할 수 있다.

사례

그룹 코칭에 소극적이고 냉소적으로 임하는 A 팀장이 있었다. 그가 지나가는 말로 10대 딸이 반항적이라서 고민이라고 하며 어두운 표정을 지었다. 보아하니 꽤 속을 끓이는 것 같았다. 이를 눈치챈 코치가 세션이 끝나고 나서 그에게 개별적으로 의논하고 싶은지를 물었고, 그와 별도의 시간을 가졌다.

코치는 '딸의 입장에서 지금의 집 분위기나 부모가 어떻게 느껴지겠는가?' '딸을 사랑하는 마음을 어떤 식으로 표현할 수 있을까?' 등의 문제를 다루며 A 팀장과 함께 해결책을 찾아나갔다.

이후 A 팀장은 그룹 코칭에서 자신의 경험담을 털어놓으며 자기 중심적으로 판단하는 것이 딸에게 얼마나 상처를 주고 관계를 악화시켰는지를 깨달았다고 말했다. 그리고 그 깨달음을 자기 팀에도 적용해보겠다고 했다.

그룹 코치는 그룹원들과 함께 A 팀장을 축하해주면서 그의 통찰력과 실행력을 인정해주었다.

4

변화와 성장,
목표를 이루는
그룹 코칭 스킬 40

이 장에서는 그룹 코칭에서 사용할 수 있는 40가지 코칭스킬에 대한 의미를 설명하고 그 활용법을 소개한다. 사용 빈도가 높은 스킬의 경우에는 대화를 예시하여 이해를 도울 수 있게 했다.

국제코치연맹은 코치가 갖추어야 할 역량을 크게 4가지 영역으로 나누고 각각의 영역에서 요구하는 실행 요소를 모두 11가지로 정리했다.

1. 기초	① 윤리 및 직업 기준 충족시키기
	② 코칭계약 맺기
2. 관계 구축	③ 신뢰와 친화력 구축하기
	④ 코치다운 태도(coaching presence)
3. 효과적인 의사소통	⑤ 적극적 경청
	⑥ 강력한 질문
	⑦ 직접적 커뮤니케이션
4. 학습 촉진/결과 지원	⑧ 알아차리기
	⑨ 행동 설계
	⑩ 계획 수립과 목표 설정
	⑪ 진행 상황과 책임 관리

여기서는 위의 기준을 참고하여 40가지 코칭스킬들을 3가지 영역으로 그룹화하여 재분류했다. 첫째, 코치로서의 기초 및 코칭 대상자와의 관계 구축에 필요한 스킬들, 둘째, 효과적인 코칭을 만들어내는 경청과 질문 등의 의사소통 스킬, 셋째, 대상자의 학습을 촉진하고 실행을 지원하는 스킬이다.

기본에 충실하라

기초와
관계 구축을
위한 스킬

비밀 유지 Maintaining Confidentiality

코칭이 효과적으로 이루어지기 위해서는 가장 먼저 신뢰관계가 형성
되어야 하는데, 이를 위해 기본적으로 중요한 요소가 비밀 유지다. 그래
서 코치의 윤리 규정에서도 '비밀 유지'를 항상 강조한다.

코칭에서 비밀 유지의 대상은 폭이 넓은 편이다. 코칭 대화 내용은 물
론이고, 코칭을 통해 알게 된 고객과 조직의 정보, 심지어 누구를 코칭
한다는 사실도 고객의 동의 없이는 공개하지 않는다. 코칭이 이루어지
는 과정에서는 물론, 코칭이 종료된 후에도 코치의 비밀 유지 의무는 사
라지지 않는다. 이에 대해 국제코치연맹은 코치윤리 규정으로 명시하고

있다.

솔직하게 말하면서도 안전한 느낌을 받을 수 있는 코칭 공간을 만들기 위해서는 비밀 유지가 공개적으로 약속되어야 한다. 어느 누구도 코칭 과정에서 자신이 한 말이 다른 사람들에게 알려지거나 누군가를 통해 판단되기를 원치 않을 것이다. 특히 다수가 참가하는 그룹 코칭에서는 코치와 그룹원뿐 아니라 그룹원들 상호 간에도 비밀 유지에 대한 약속과 준수를 명확하게 요청해야 한다. 비밀 유지에 대한 신뢰가 견고하지 않으면 조직 내 구성원들로 이루어지는 그룹 코칭의 특성상 타인의 시선과 판단을 의식한 나머지 피상적인 대화로 흐를 가능성이 높으며, 그만큼 코칭의 효과는 낮아질 수밖에 없다.

비밀 유지를 위해 코치는 1차 세션에서 그라운드 룰을 정할 때 비밀 유지의 필요성을 자세히 설명하고, 모두가 이를 약속하도록 안내해야 한다. 비밀 유지의 강조점은 다음과 같다.

첫째, 상호 간 대화 내용에 대해 비밀 유지를 약속한다. 기록으로 남길 때에도 비밀 유지 원칙에 저촉되지 않는 범위에서 할 것을 미리 공지한다. 조직 안에서는 물론 개인 생활에서도 그룹 코칭에서 나온 이야기를 옮기지 않을 것을 다짐받는다.

둘째, 비밀 유지를 전제로 솔직한 이야기를 나누도록 격려한다. 이를 위해 타인을 판단하지 않고 수용하는 일의 중요성을 강조한다. 서로의 취약함을 공유하는 것이야말로 진실로 연결되는 것임을 알려준다.

셋째, 그룹원들이 공통으로 알고 있는 제3자나 조직에 대한 언급을 할 경우 비밀 유지의 전제 위에서 자유롭게 하되, 그에 대한 존중이 바탕이 됨을 알려준다.

그라운드 룰을 정할 때는 코치가 다음과 같이 안내할 수 있다.

- 코칭 목표를 달성하기 위해 어떤 그라운드 룰이 필요할지 그룹원들에게 질문한다.
- 그룹원들이 대답하는 것을 기록하며 정리한다(가능하면 화이트보드 등에 기록하여 모든 그룹원들이 볼 수 있게 한다).
- 그룹원들의 의견에서 비밀 유지 항목이 나오지 않으면 코치가 이를 추가한다. 그 이유를 설명한 다음 동의를 구한다. 이런 식이다.

"그룹 코칭의 그라운드 룰로서 비밀 유지는 매우 중요합니다. 우리가 여기에서 하는 모든 대화에 대해 비밀을 유지하고 외부에 말하지 않겠다고 약속하는 것은, 누구나 안심하고 솔직하게 말할 수 있게 하는 중요한 서약입니다. 모두 동의하십니까?"

신뢰 구축 Building Trust

그룹 코칭에서는 코치와 그룹원 간, 그룹원과 그룹원 간의 다중적인 관계가 형성되며 그 속에서 그룹의 에너지가 작동된다. 그룹원들 중에는 그룹 코칭에 들어오기 전에 이미 서로 관계(동료 또는 협력자)가 형성되어 있을 수도 있다. 이 관계에서는 선입견과 판단이 작용할 수 있으며, 견제나 경쟁 같은 상호작용이 일어날 수도 있다. 그들이 처음 만나건 기존의 관계가 형성되어 있건 그룹 코치는 그룹원들이 서로에 대한 선입견을 내려놓고 신뢰관계를 맺을 수 있도록 도와야 한다. 이를 위해 다음과 같은 방법을 쓸 수 있다.

첫째, 공동의 목표에 대한 동기를 분명히 한다. 그룹원들이 서로의 니즈를 말하게 하고, 여기에서 공통된 것을 추출하여 정리한 공동의 목표를 함께 달성하겠다는 다짐을 하게 함으로써 하나의 그룹을 형성한다. 같은 목표로 집단을 일체화하는 것이다.

둘째, 상호 존중하는 수평적 관계를 정립한다. 그룹원 간의 나이나 직급에 따른 위계질서가 신뢰관계를 약화시킬 수 있으므로 그룹 코칭의 현장에서는 수평적인 관계를 맺도록 장려한다. 이에 대한 공감을 얻고 약속을 받는다. 필요하면 호칭을 직급이 아닌 별명으로 하거나 모두가 동등하게 '코치' 또는 '리더' 등으로 통일할 수도 있다.

셋째, 긍정적이고 열린 소통을 활성화한다. 초반에 그룹원들끼리 서로의 장점을 인정하는 시간을 가지면 열린 분위기와 신뢰 형성에 큰 도움이 된다. 내가 중시하는 어떤 것을 상대방이 존중한다는 사실을 아는 것이 신뢰이기 때문이다. 자신을 이해하고 수용한다는 사실을 알 때 사람은 믿고 말할 수 있게 된다.

넷째, 팀워크를 개발한다. 그룹 코칭은 한시적이지만 성과를 내려면 진행하는 동안 모두가 한 방향으로 움직이는 것이 중요하다. 코치는 그룹원들이 역할 분담을 통해 협력하도록 촉진하고, 사전에 참가 점검을 하고 빠지는 사람이 없도록 격려하는 등 세심한 관리에 주의를 기울인다. 서로 돕고 챙기는 커뮤니티 정신을 북돋는 코치의 활동이 그룹원들 간에 친밀하고 수평적이며 존중하는 그룹 분위기를 만들어낸다.

코치는 자신과 그룹원들 간의 신뢰 형성에도 노력을 다해야 한다. 무엇보다 그룹원들의 잠재력과 강점을 믿고 따르는 것이 중요하다. 그것이 존중하는 태도로 자연스럽게 드러나 신뢰를 형성하게 된다. 코치가 그룹원을 문제가 있거나 교정되어야 할 존재로 대하는 관계에서는 결코 신뢰가 생겨날 수 없다.

전문성도 보여야 한다. 그룹원들이 기본적으로 코치에게 기대하는 것은 그룹 코칭 전문가로서의 역할이다. 그룹원들의 자발성을 허용함과 동시에 필요시 개입하여 방향을 잡고 초점을 제공하는 전문 코치로서의 면모를 보일 때 신뢰를 갖게 된다. 지나치게 방임하거나 일부 그룹원들이 분위기를 이끌어가도록 놓아두는 것, 혹은 가르치려는 자세로 그룹원들을 대하는 것은 신뢰를 잃게 만든다. 그룹원들에 대해 수용적이면서도 그들의 진정한 변화를 촉진하기 위해 필요한 위험을 감수할 줄아는 프로정신이야말로 전문 코치로서의 신뢰를 얻는 길이라고 할 수있다.

예를 들어보자. 그룹 코칭 참가자인 B 팀장이 그룹의 논의에 적극적으로 참여하지 않고 냉소적인 태도를 보이고 있다. 그러면 코치도 그가 전체 분위기를 해치고 다른 사람들에게 좋지 않은 영향을 준다고 판단하여 부정적으로 바라보기 쉽다. 하지만 코치는 이를 특별한 학습의 기회로 삼을 수 있어야 한다. 이를테면 둘만의 대화를 통해 자기 인식을 강화하는 시간을 가질 수 있다.

"그룹 코칭이 본인에게 어떤 의미가 있고 무엇을 얻고 싶습니까? 어떤 그룹 코칭이 되면 본인에게 도움이 되겠습니까? 만약 얻는 것이 없다면 앞으로 어떻게 해보시겠습니까?"

본인이 끼치는 영향에 대해서도 피드백을 주거나 질문을 한다.

"'그런 거 해본들 뭐가 달라지나요?'라고 하셨는데, 뭔가 근본적인 변화가 필요하다고 느끼시는 것 같습니다. 어떻게 하면 근본적인 변화를 끌어낼 수 있겠습니까?", "B 팀장님께서 그렇게 말씀하시면 즉시 그룹 분위기가 가라앉는 것 같습니다. 어떻게 느끼십니까?"

때로는 필요에 따라 그룹 차원에서도 이를 논의할 수 있다.

"'그런 거 해본들 뭐가 달라지나요?'라고 하셨는데, 뭔가 근본적인 변화가 필요하다고 느끼시는 것 같습니다. 이에 대해 이야기를 나누어보면 어떨까요? 누구나 어떤 상황에서 이런 느낌을 가질 수 있습니다. 하지만 냉소적인 표현은 종종 좀 더 근본적인 변화를 갈망하는 의도를 담고 있기도 합니다. 만약 식구들 중에서 또는 팀원들 중에서 누가 이런 문제 제기를 한다면 어떻게 이를 무시하거나 눌러버리지 않고 건설적인 방향으로 이끌어갈 수 있을까요?"

개별적이건 공개적이건 코치의 접근은 일방적으로 끌고 가지 않고 상대방에게 행동에 대한 선택권을 주면서도 모든 것을 학습과 성장의 기회로 삼으려는 모습을 보여주어야 한다. 이것이 코치에 대한 신뢰를 촉진시킨다.

환경 조성 Setting Environment

공간적 환경

그룹 코칭에서 고객은 시간적, 공간적 환경의 영향을 많이 받으므로 적절한 환경 조성은 성공적인 그룹 코칭을 위해 필수적이다.

회사의 회의실에서 모이는 그룹이 있었다. 회의실은 조명이 어두운 데다 창문이 없어서 답답하고 무거운 느낌을 주었다. 그럭저럭 코칭은 진행되었지만 코치가 바라는 만큼 그룹의 에너지가 올라오지 않았다. 그런데 마지막 세션이 있던 날, 코치는 평소의 회의실이 아닌 다른 회의실로 안내되었다. 그 회의실에 들어서는 순간 코치의 입에서 저절로 탄성이 나왔다. 예쁜 나무 테이블 위로 통유리창을 통해 밝은 햇살이 쏟아져내리고 있었다. 회의실 안은 유쾌한 기운이 감돌았다. 코칭 대화가 점점 깊어지는가 싶더니 어느새 '사랑'이라는, 회사에서는 금기어라 할 수 있는 말이 나왔다. 몇몇 그룹원의 눈시울이 붉어졌고, 코치는 그룹 전체에 흐르는 에너지에 감전된 것 같은 감동을 받았다.

사람은 물리적 환경의 영향을 많이 받는다. 딱딱한 사각 나무의자에 앉으면 단호한 의견을 내게 되고 허리를 뺀 채 푹신한 의자에 앉으면 생각이나 말이 편안하고 자유롭게 된다. 그래서 각지고 두툼한 회의 테이블에서는 전략이나 구조조정 같은 심각한 이슈가 어울리고, 산뜻한 느낌의 디자이너 테이블에서는 아이디어나 감성 관련 대화가 잘된다.

마지막 세션에서 감동을 받은 코치는 원래 회의실에서 진행했다면 '사랑'이라는 말이 나오는 그런 대화는 하기 어려웠을 것이라고 말했다.

그렇다면 코치로서 그룹 코칭에 적합한 환경을 연출하기 위해 어떤 점에 주의해야 할까?

되도록 에너지가 밝고 차분한 대화가 가능한 공간을 선택한다. 사람은 본능적으로 자신에게 좋은 에너지가 있는 공간을 선택하는 능력이 있다. 외국인들이 서울의 한남동이나 도쿄의 미나토구 같은 곳에 일찍부터 자리를 잡은 것이 좋은 예다. 코치로서 자신의 느낌을 세심히 관찰하면 어떤 공간의 에너지가 좋은지 알 수 있다.

또한 고객사의 그룹 코칭 담당자와 최적의 장소를 선택하기 위해 논의한다. 회사가 코치를 고용해서 그룹 코칭을 진행하는 경우 보통은 사무실의 한쪽에 있는 회의실을 준비한다. 코칭은 참가자들이 일상 업무를 하는 공간이 아닌 곳에서 하는 것이 가장 이상적이지만, 이동에 시간이 들지 않고 참가하기도 용이하므로 회의실도 괜찮은 편이다. 회의실이 여럿 있다면 그중 가장 좋은 곳을 선택하기 위해 담당자에게 몇 가지 기준을 제시해주어도 좋을 것이다. 이를테면 다음과 같다.

- 크기가 적당한 곳(너무 커서 썰렁하거나 좁아서 답답한 느낌을 주지 않도록 한다.)
- 창문이 있고 통풍이 잘되는 곳
- 채광이 좋은 곳
- 가능하면 참가자가 일하는 공간과 떨어진 차분한 공간
- 넓고 큰 테이블보다는 참가자들 간에 앉는 자리가 멀리 떨어지지 않는 곳(테이블 없이 의자만 놓는 것도 좋은 방법이다.)

시간적 환경

그룹 코칭은 대개 1, 2주 간격으로 정해진 요일과 시간에 하게 된다. 사람은 공간적 환경의 영향을 받는 만큼 시간적인 환경에도 많은 영향을 받으므로 어떤 요일 어느 시간대에 할 것인가는 효과적인 그룹 코칭을 위해 신중하게 정해야 할 디테일이다.

그룹 코칭에 적합한 요일과 시간은 언제일까? 원칙적으로 참가자들이 코칭에 적극적으로 참여하고 집중할 수 있는 시간이 가장 좋다. 따라서 참가자들과 상의해서 결정하는 것이 바람직하다.

한국적인 정서를 고려하여 식사하기 전인 오전 10~12시나 오후 4~6시 시간대를 권하는 경우도 많다. 이 시간대에 코칭을 하면 끝나고 나서 코치와 참가자들이 자연스럽게 식사를 함께할 수 있기 때문이다. 우리는 보통 누군가와 친분을 맺고자 할 때 "밥 한번 먹자"고 말한다. 누군가와 식사를 한다는 것은 어느 나라에서나 신뢰관계 형성에 중요한 역할을 하는데, 한국에서는 그 중요성이 더욱 큰 것 같다.

실제로 코치들은 참가자들과 함께 식사를 한 다음 코칭 세션에서 훨씬 더 친밀감이 올라가는 것을 자주 경험한다. 따라서 그룹 코칭의 시작 단계에서 다 같이 식사하는 자리를 마련하는 것도 원만한 코칭환경을 조성하는 데 도움이 된다.

홀리스틱 코칭 공간 연출

물리적 환경과 시간적 환경은 그룹 코칭의 성공에서 중요한 부분이다. 하지만 뛰어난 코치는 여기서 한발 더 나아간다. 시간적, 공간적 환

경을 포함, 전체적으로 조화된 홀리스틱(holistic) 코칭 공간을 연출한다. 이와 관련하여 미국의 코치들은 '공간 창조(create a space)', '공간 보듬기(hold the space)'라는 말을 즐겨 쓴다. 일본에서는 '장소 만들기(場作り)'라는 말이 일상 용어로 사용되고 있다.

홀리스틱 코칭공간 연출에서 핵심은 역시 코치 자신의 존재(being)가 갖는 에너지와 코치의 의도(intention)라고 할 수 있다. 코치는 코칭 환경을 구성하는 가장 큰 부분이 바로 자신이라는 사실을 명심하고 보다 더 효과적인 환경 조성을 위해 노력하는 자세를 가져야 한다.

호기심 Using Curiosity

호기심은 새롭고 신기한 것을 알고 싶어 하는 마음이다. 코치의 호기심은 자신은 알지 못한다는 자세로부터 출발한다. 이미 알고 있거나 알고 있다고 생각하는 것에 대해서는 호기심이 생길 여지가 없다. 고객의 삶에 대해 누가 전문가인가? 코치인가 아니면 고객인가? 코칭은 고객이 창조적이고 자원이 풍부하며 자신의 문제에 대한 대답을 가지고 있다는 믿음으로 시작된다. 그러므로 코치는 자기 삶의 전문가인 고객이 스스로 삶을 돌아보고 해답을 찾을 수 있도록 전문적으로 돕는 사람이다.

코치가 호기심을 보이는 것은 고객의 삶에 대한 존중을 나타낸다. 상대의 인생을 경이로운 눈으로 바라보며 더 알고 싶어 하는 호기심은 질문을 낳고, 질문은 성찰을, 성찰은 변화를 낳는다. 코치의 열린 질문은 고객을 대화에 초대하는 동시에 새로운 시각을 제공한다. 선입견을 배제하고 고객이 다른 각도에서 자신을 바라볼 수 있게 한다. 때로 호기심에서 나오는 코치의 질문이 아무런 효과를 보지 못하는 경우가 있다. 그때는 다른 질문을 하면 된다. 궁금함이 가득한 재미난 상태, 즉 호기심을 가지고 하면 된다. 하지만 단순한 호기심에 그쳐서는 안 된다. 발단은 코치 자신으로부터 시작할 수 있지만 코치의 만족을 위한 호기심이 아닌, 고객의 유익을 위한 호기심에 집중해야 한다. 코치와 고객이 함께 고객의 삶 속으로 들어가 새로운 깨달음을 발견해가는 즐거움과 통찰을 제공할 수 있어야 한다. "와, 그 발상은 정말 참신해요. 어떻게 그런 생각을 하실 수 있는지 궁금하네요"와 같은 말이 오간다면 코칭시간이 정말 재밌고 짧게 느껴질 것이다.

코치의 호기심은 고객에 대한 존중의 표현일 뿐 아니라 질문거리가 가득 들어 있는 보물창고이기도 하다. 그룹 코칭에서 그룹의 에너지를 높여주고 그룹원들이 안심하고 솔직한 대화를 나눌 수 있는 정서적 환경을 조성해준다. 그런 의미에서 호기심의 반대말은 판단과 선입견이라고 할 수 있다.

코치는 그룹 코칭을 준비할 때 선입견을 버리고 호기심을 가지고 참여할수 있게 자기 관리를 할 필요가 있다. 판단을 내려놓고 호기심을 보이는 코치의 태도가 그룹원들 간의 의사소통과 관계를 긍정적으로 만든다.

자기 관리 Self-management

코치는 고객 앞에서 다른 누구가 아닌 '코치로서' 존재해야 한다. 이는 완벽한 척 가면을 써야 한다는 말이 아니다. 만약 고객이 자신을 몹시 힘들게 했던 상사의 얘기를 하고 있는데, 코치가 과거에 상사로서 비슷한 실수를 했던 기억을 떠올리며 부끄러움을 느끼고 자기 감정을 들킬까봐 걱정되어 고객의 말을 잘 듣지 못한다면 코치로서의 역할을 제대로 수행하기가 어려울 것이다. 이럴 경우 코치는 신속하게 자신의 마음 상태를 평정한 상태로 만들 수 있어야 한다.

코치가 고객의 생각의 흐름과 감정의 과정을 판단하지 않고 있는 그대로 이해하려면 자신의 생각과 감정을 제3자의 눈으로 바라볼 수 있어야 한다. 객관적 자기 인식이 자기 통제를 가능하게 하며, 이를 통해 고객을 투명하게 대할 수 있다. 자기에 대한 이해의 깊이가 고객에 대한 이해의 깊이를 좌우한다.

코치가 자신을 객관적으로 바라보고 고객의 상태에 휩쓸리지 않으려면 비판단적인 주의력이 요구된다. 일체의 선입견이나 판단을 버리고 평정심을 유지하게 하는 비판단적인 주의력은 자칫 흔들리기 쉬운 코칭의 중심을 잡아준다. 또한 상황에 따라 자신의 초점을 효과적으로 바꿀 수 있는 조절력이 필요하다. 이것이 코칭을 올바른 방향으로 이끈다.

이 같은 주의력과 조절력은 다수의 그룹원들을 상대하는 그룹 코치에게 더욱더 중요하다. 코칭 과정에서 그룹 코치의 초점은 수시로 변화하게 된다. 한 사람의 그룹원에게 집중하다가도 다시 전체를 의식해야 한다. 그러면서도 항상 주의력의 일부는 코치 자신에게 할애해야 한다. 그래야 온전한 코칭이 가능하다.

때로 업무와 책임 때문에 과중한 압박을 받아 그룹 코칭에 집중하지 못하는 경우가 있다. 경기가 최악인 상황에서 긴급 이사회가 소집되고 심한 불안감을 느낀 그룹원이 전화를 받으러 자주 자리를 비운다고 할 때 코치는 어떻게 해야 할까?

그룹원이 불안감을 표출하면 코치 역시 그 영향을 받을 수밖에 없다. 이때 그룹원과 자신의 불안감을 없애려 하거나 억누르려는 시도는 소용이 없다. 불안감의 존재를 그대로 인정하고 그 상황 속에서 배울 것을 함께 발견할 수 있도록 깨어 있는 자세가 중요하다. 마음속으로 그룹원과 코치 자신이 느끼는 불안감을 받아들이되 해당 그룹원에게 코칭에 집중해줄 것을 요청해야 한다.

"전화를 받으러 나가실 때마다, 의도하지 않으셨겠지만, 저희들의 주의가 흐트러지고 불안해지는데요. 나중에 전화드리겠다는 문자메시지를 보내시고 세션에 집중해주시기를 부탁드립니다."

만약 코치의 요청에도 불구하고 다시 자리에서 일어난다면 당분간은 그 그룹원에게 관심을 두지 않는 편이 낫다. 그리고 쉬는 시간이나 세션을 마친 후에 일대일로 짧은 대화를 나누어서 그룹원이 불안해하는 것보다 더 효과적인 활동을 찾을 수 있게 돕는 것이 바람직하다.

인정하기 Acknowledging

인간에게 가장 큰 욕구 중 하나는 타인으로부터 인정받고 싶어 하는 욕구다. 모든 인간은 밥을 먹듯 인정을 필요로 한다.

코칭에서 '인정하기'란 그 사람의 존재나 행동, 역량을 올바르게 인식하고 그것이 지닌 가치를 평가해주는 것을 의미한다. 코치는 고객의 능력과 잠재력을 알아주고, 그가 한 행동이나 결과뿐 아니라 과정과 의도, 노고에 대해 진정으로 인정할 줄 알아야 한다. 더 나아가 고객의 존재 자체를 인정할 수 있어야 한다. 존재 자체에 대한 인정이란 누구의 승인 없이도 스스로 가치 있는 존재이며 강점을 지닌 독특한 존재임을 알아주는 것이다.

인정은 그룹원들에게 안전한 공간, 코치의 지원하에 실패를 두려워하지 않고 어떤 도전에도 용기 있게 나설 수 있는 토대를 제공한다. 더불어 고객의 자존감을 높이는 데 큰 영향을 미친다.

인정을 잘하는 코치가 되기 위한 7가지 방법

첫째, 고객의 존재를 인정하라. 그의 강점과 능력, 자질을 알려주고, 그가 누구이며 어떤 사람이 될 것인지를 상기시켜라. 그의 존재를 지지하고 그가 시도했던 것들의 가치를 인정하라. 그 바탕 위에서 고객이 성장한다.

둘째, 고객이 원하거나 믿는 것을 응원하라. 자신감을 불어넣어라. "당신은 할 수 있고, 해낼 것이고, 해낼 자격이 충분합니다"라고 말하

라. "당신은 ~할 만한 가치가 있습니다. 중단하지 마세요"라며 비전을 지지하고, "잘해낼 것으로 믿습니다"라며 강력한 믿음을 전하라.

셋째, 고객에게 많은 것을 요구하라. 코치는 고객이 무엇을 원하는지 생각하고 그것을 요구할 수 있어야 한다. 비록 고객이 모르더라도 말이다. 그래서 고객이 정말로 자신에게 원하는 것을 말하게 하고, 현재보다 더 많은 것을 원하고 도전하게 하라.

넷째, 코치가 고객에게 관심을 갖고 있다는 것을 보여주라. 고객의 말에 공감을 표현하고, 사랑과 지원이 필요할 때는 기꺼이 도와주라. 고객이 어려운 시기를 보내고 있으면 함께하는 시간을 더 늘려라. 선물이나 카드를 주고 정성을 보여라.

다섯째, 고객이 옳다는 것을 이해하라. 고객이 잘못하거나 실수하거나 슬럼프에 빠졌다고 해서 문제가 있다고 생각하지 마라.

여섯째, 고객의 행동과 결과를 인정하라. 고객이 느끼지 못하는 고객의 성장, 노력, 성과를 코치가 알려주어야 한다. 그렇지만 아첨이나 지나친 인정은 곤란하다. 오히려 역효과가 나므로 과장하지 말고 솔직하게 인정하는 태도를 보여라. "당신은 ~하셨으니 ~할 수 있습니다"와 같은 말로 순수한 마음에서 우러나오는 인정을 하라.

일곱째, 연민의 정을 갖고 고객을 존중하라. 고객은 누구나 특별한 존중을 받아야 하는 존재임을 받아들이고, 고객의 감정을 확인하고 공감하고, 그의 성장을 위해 필요한 것에 동정심을 갖도록 하라.

고객을 인정하는 4가지 방법

고객을 인정하는 방법으로는 지지하기, 강점에 초점 맞추기, 칭찬하기, 축하하기 등 4가지를 들 수 있다.

지지하기

코칭을 받는 모든 고객에게는 지지가 필요하다. 지지는 고객에게 자신감을 주고 무한한 에너지를 충전시켜준다. "나는 당신을 믿습니다"라는 말은 고객의 강점과 욕구를 인식한다는 뜻을 전달하여 더욱 힘이 나게 한다. 특히 고객이 성장하고 목표를 이루었을 때는 보다 더 큰 지지와 격려를 보내야 한다. 고객이 새로운 세계로 들어가서 위험이나 도전을 마주할 때, 또 다른 목표를 향해 갈 때 코치의 지지는 엄청난 위력을 발휘한다.

'지지하기'는 저절로 이루어지지 않는다. 코치가 지지하기를 집중적으로 익히고 개발하지 않으면 고객에게 아무런 의미가 없는, 생색내는 말처럼 들릴 수 있다. 고객을 지지하는 습관을 생활화해야 한다. 고객이 자신을 인정하고 코치의 지지를 받아들이도록 격려해야 한다. 지지를 받아들이는 것은 지지를 하는 것만큼이나 중요하다.

다음은 지지하기의 예시들이다.

- 격려 : "당신은 할 수 있습니다!", "저는 당신을 믿습니다."
- 동의 : "당신은 제대로 가고 있습니다" "살다보면 힘든 때도 있습니다."

- 고객이 원하거나 믿는 것을 옹호하기 : "이제 이 목표를 달성할 때가 되었습니다", "전력을 다합시다", "당신은 하려는 의지를 갖고 있어 달성할 수 있습니다."
- 공감하기 : "실패했다는 느낌은 정말 견디기 힘들 것입니다", "첫 목표 달성이 지속적인 성공에 큰 자극제가 될 것입니다."

강점에 초점 맞추기

고객이 스스로 타고난 강점을 인식하게 하라. 고객이 이미 가지고 있는 것에 초점을 맞추고 개발할 수 있도록 힘을 쏟아라. 고객은 자신의 목표와 강점을 토대로 무엇을 성취할 수 있는지 판단할 수 있다. 타고난 강점은 쓰면 쓸수록 더 강해진다. '강점에 초점 맞추기'는 대단히 창조적인 인정하기 과정이다. 이미 스스로 갖고 있는 강점을 다루기 때문이다. 코치가 고객의 강점에 초점을 맞추고 도움을 주면 고객은 현재 갖고 있는 것에 만족하지 않아서가 아니라 자신의 강점을 계속 키워나가고 싶어서 스스로 더 많은 강점들을 개발해나갈 것이다. 주의할 점은 강점에 초점을 맞추는 것이 약점을 무시하라는 의미는 아니라는 것이다. 약점에 대해서는 긍정의 언어를 사용하여 접근하도록 한다.

강점에 초점 맞추기는 경청을 통해 고객의 강점을 확인하는 것으로부터 시작된다. 고객의 강점이 확인되면 강점을 상기시키는 데 필요한 피드백을 제공한다. 고객의 숨은 강점을 발견하고 확인된 강점을 강화하는 방법은 고객이 알게 모르게 제공하는 실마리에 주의를 기울이고, 솔직하게 질문하고, 다음과 같은 언어를 사용하는 것이다.

- 현재 당신이 잘하고 있는 것이 무엇인지 솔직히 말해보세요.
- 당신이 가지고 있는 것 가운데 만족스럽지 못한 것은 무엇입니까?
- 당신이 뛰어나게 잘하고 싶었던 것은 무엇입니까?
- 다른 사람들은 당신의 강점이 무엇이라고 생각하고 있을까요?

칭찬하기

칭찬은 어떤 사람의 행동이나 선택에 찬사를 보내는 행위다. 사람은 존재 자체가 칭찬의 대상이으로, 잘한 일을 칭찬해주었을 때 더욱 잘하려고 노력한다. 미국의 대문호 마크 트웨인(Mark Twain)은 "나는 한 번의 칭찬으로 두 달을 살 수 있다"고 말했다.

20세기 최고의 경영자로 알려진 잭 웰치(Jack Welch) 전 GE 회장은 어릴 때 말을 더듬었다고 한다. 그는 친구들이 '말더듬이, 병신'이라고 놀리면 울면서 엄마에게 달려가 하소연하곤 했다. 그때 그의 어머니는 "얘야, 너는 다른 애들보다 생각하는 속도가 훨씬 빨라서 미처 네 입이 따라가지 못할 뿐이란다. 너는 생각의 속도가 빨라서 앞으로 큰 인물이 될 거다" 하고 대답해주었다. 이 칭찬을 듣고 잭 웰치는 열등감을 극복하고 자신감을 가질 수 있었다고 한다.

이처럼 한마디의 칭찬은 사람에게는 자신감과 희망, 의욕을 심어줄 뿐만 아니라 그 사람의 운명까지 결정하기도 한다.

그러나 실제 우리의 삶은 칭찬과 격려보다는 질책과 부정적인 반응 그리고 무관심에 둘러싸여 있다. 많은 사람들이 칭찬을 드러내 표현하는 것을 다소 유치한 것, 쑥스러운 것으로 생각한다. 진심으로 건네는 칭찬이 사람을 얼마나 귀한 존재로 만들어주는지를 모르는 것이다.

속이 훤히 들여다보이는 칭찬일지라도 듣는 사람은 즐겁다. 칭찬은 의외의 상황에서, 예상치 못했던 사람에게서 들었을 때 그 효과가 배가된다. 질책을 하는 상황에서도 칭찬으로 끝을 맺으면 긴장감과 불쾌감이 없어진다.

코칭에서 칭찬하기는 코칭을 성공적으로 이끌어가는 가장 강력한 인정하기 방법의 하나다. 코치는 칭찬이 상상하는 것 이상으로 위대한 힘을 가지고 있다는 사실을 명심하고 칭찬하기를 습관화해야 한다. 아래에 켄 블랜차드(Ken Blanchard)가 그의 저서《칭찬은 고래도 춤추게 한다》에서 말하는 칭찬의 요령을 소개한다.

① 소유가 아닌 재능을 칭찬한다.

"넥타이가 잘 어울립니다"보다는 "역시 패션감각이 뛰어나십니다"가 좋다.

② 결과보다는 과정을 칭찬한다.

"우승했다면서요"보다 "그동안 얼마나 피눈물 나는 노력을 했겠어요"가 좋다.

③ 타고난 재능보다는 의지를 칭찬한다.

"머리가 명석하시군요"보다는 "그 성실함을 누가 따라가겠어요"가 더 좋다.

④ 미루지 않고 지금 즉시 칭찬한다.

"지난번에 ~" 식의 백 번보다는 "오늘 ~"의 한 번이 낫다.

⑤ 큰 것보다는 작은 것을 칭찬한다.

별것 아니라고 생각하지 말고 "와!", "우와!" 하고 크게 반응하는 게 좋다.

⑥ 애매모호한 것보다는 구체적으로 칭찬한다.

"참 좋은데요"보다는 "~한 것이 분위기에 참 잘 어울립니다"가 낫다.

⑦ 사적으로보다 공개적으로 칭찬하는 게 훨씬 효과가 크다.

혼자보다는 적어도 3명 이상의 자리가 낫다. 특히 본인이 없을 때 남긴 칭찬은 그 효용 가치가 배가된다.

⑧ 말로만 그치지 말고 보상으로 칭찬한다.

"한 턱 내세요"보다는 "제가 한 턱 쏠게요"가 낫다.

⑨ 객관적으로보다는 주관적으로 칭찬한다.

"참 좋으시겠어요"보다는 "제가 더 신바람이 나는군요"가 좋다.

⑩ 남을 칭찬하면서도 가끔은 자기 자신도 칭찬한다.

"훌륭해!", "그래, 너 아니고 그 일을 누가 해내나!", "난 내가 자랑스럽다"는 말을 스스로에게 던져라.

축하하기

요즘 세상은 너무 미래 지향적이어서 지금까지 해낸 노력의 결실과 오늘의 번영을 정당하게 평가해주는 데는 매우 인색한 경향이 있다. 사람들은 항상 바쁘고 할 일이 많아서 '축하하기'의 가치를 알지 못하고 생활하고 있다.

축하하는 사람들에게 동기를 부여해서 더 큰 목표를 향해 나아가게 하는 힘을 가지고 있다. 그러므로 숙달된 코치는 고객이 큰 성공을 향해 나아가는 과정에서 달성하는 수많은 작은 성공들을 지속적으로 축하해 준다. 다음은 축하하기가 고객에게 가져다주는 이익이다.

- 스트레스를 줄인다.
- 더 큰 목표를 향해 나아갈 수 있는 동기를 부여한다.
- 활력을 불어넣는다.
- 관계를 강화할 수 있는 기회를 만든다.
- 태도를 새롭게 한다.
- 한 걸음 물러나 큰 그림을 보게 해준다.
- 보다 균형 잡힌 관계를 즐기게 해준다.

사례

(그룹 코칭에서 래포 형성을 위한 행복한 이야기를 나누고 있었다.)

코치 : 그럼 강 부장님께서 지난 2주 동안 있었던 행복한 이야기를 먼저 말씀해주시겠습니까?

강 부장 : 사실 지난 2주는 저에게 업무적으로 매 순간 피를 말리는 시간이었습니다. 약 5,000억 원에 해당하는 프로젝트를 놓고 경쟁사와 치열한 싸움을 하고 있었는데, 고객사를 찾아 우리만의 강점을 설명하고 정성을 다해 진심으로 노력한 결과 수주하게 되었습니다.

코치 : 지난번에 걱정하고 계시던 수주 건을 마침내 해내셨군요. 축하합니다! 저는 강 부장님이 해내실 줄 알았습니다. 부장님은 목표에

몰입해서 최선을 다하시는 분입니다. 다른 부장님들도 강 부장님의 수주 성공에 큰 축하의 박수를 보내주시기 바랍니다.

그룹원들: 우와! 대단합니다!

고객을 인정할 때 주의할 점

인정하기는 고객에게 큰 이익을 주기 위해 사용하는 도구이지만, 잘못 사용하게 되면 피해를 줄 수도 있다. 다음은 인정하기가 안고 있는 잠재적 위험 요소들이다.

- 오해가 생길 수 있다. 경우에 따라서는 어떤 사람의 위신을 떨어뜨리기도 한다.
- 충분한 정보나 준비 없이 무모하게 인정하면 원치 않는 결과가 생길 수 있다.
- 코치의 인정하기를 고객이 불편하게 생각할 수 있다.
- 고객이 준비되지 않은 것이나 할 수 없는 것을 할 수 있다고 생각하게 만든다.
- 진실을 말하지 않는다.

격려 Encouraging

격려는 '용기를 불러일으키다'라는 뜻이다. '나는 할 수 없다'에서 '나는 할 수 있다'는 인생관으로 패러다임의 전환을 돕는 자극으로, 고객이 어려운 처지에 있을 때 코치가 새로운 용기, 새로운 정신, 새로운 희망으로 고객에게 생기를 불어넣는 행위가 바로 격려하기다.

격려를 하기 위해서는 고객이 가지고 있는 자원과 잠재력에 초점을 맞추고 고객의 관점에서 세상을 볼 필요가 있다. 먼저 고객에게 무엇이 중요한지를 찾아내고 그것에 공감해야 한다. '저는 압니다. 제가 선생님과 함께 있잖아요! 어떻게 도와 드릴까요?' 하는 마음을 전하는 것이다. 고객의 인격과 능력을 신뢰하고 있음을 보여주는 것이다. 고객이 잘하고 있다고 말해주고, 감탄하고, 계속하도록 요청하고, 그가 할 수 있다고 이야기하라.

설사 고객이 그 필요를 느끼고 있지 못하더라도 격려는 대단히 중요하다. 격려는 고객이 기대하지 않은 의외의 선물이다. 게다가 목표가 클 경우 더 빠르고 더 많은 격려가 필요하다. 그리고 이왕 할 거라면 후하게 선물하는 것이 좋다.

격려는 용기와 확신을 갖게 하는 기술을 통해 현실화될 수 있다. 코치는 다음과 같은 격려 기술을 활용할 수 있다.

- 주의 깊게 경청한다
- 공감적으로 반응한다
- 존경과 열정을 보인다
- 장점과 자원에 초점을 맞춘다
- 어떤 특성에 대한 대안을 찾는다
- 균형 잡힌 전망과 유머를 통해 도전 과제를 바라본다.

격려는 때로 도전을 포함한다. 감정을 불편하게 하더라도 용기를 가지고 진실을 말해주어야 한다. 또 고객의 노력에 대해 언급할 때 그의 행위에 대해 가치 판단을 하지 않도록 조심해야 한다. '좋습니다', '잘했습니다', '아주 잘했어요'와 같은 판단이 들어간 표현들은 가급적 사용하지 않는 것이 좋다. 칭찬의 표현도 격려의 특별한 의미로 바꾸어 말해야 한다.

사례

2002년 월드컵 전에 있었던 이야기다. 당시 거의 무명에 가까웠던 박지성 선수는 월드컵 전지훈련차 미국 골드컵에 참가하고 있었다. 그때 불운하게도 왼쪽 다리마저 다쳐 시합에 나가지 못하고 텅 빈 탈의실에 혼자 남아 맥없이 자신을 책망하고 있었다. 그런데 히딩크 감독이 통역관을 데리고 나타나 박 선수에게 영어로 뭐라고 이야기를 했다.

통역관 : 박지성 씨는 정신력이 훌륭하답니다. 그런 정신력이면 반드시 훌륭한 선수가 될 거라고 말씀하셨어요.

박지성 : ….

나중에 박지성은 그 당시를 이렇게 회고했다.

"땡큐 소리 한 번 내지 못하고 가슴만 두근거렸다. 그리고 갑자기 힘이 솟았다. 히딩크 감독님은 아무도 알아주지 않는 여드름투성이 어린 선수의 마음을 읽고 있기라도 한 듯 '정신력이 훌륭하다'는 격려 말씀을 해주셨다. 그 말은 다른 사람이 열 번 스무 번 '축구의 천재다, 신동이다' 하는 칭찬을 해주는 것보다 훨씬 더 내 기분을 황홀하게 만들었다. 지금의 박지성은 히딩크 감독님의 그 격려 말씀 덕분에 존재한다고 생각한다."

역할 나누기 Role Allocation

'역할 나누기'는 그룹원 각각에게 역할을 부여하고 세션마다 역할을 바꾸어 수행할 수 있게 하는 것으로, 코치와 그룹원 모두에게 매우 유용한 방법이다. 그룹원들이 모든 역할을 배울 수 있는 기회가 될 뿐만 아니라 상대방의 역할에 대해 잘 이해하게 됨으로써 서로 헌신할 수 있게 한다. 또 한 사람의 방관자도 없이 모두의 참여를 이끌어내어 코칭의 효과를 높일 수 있다.

부여되는 역할로는 진행자, 서기, 타임 키퍼(time keeper), 에너자이저(energizer), 발표자 등이다. 진행자는 전체 진행을 맡고, 서기는 코칭 내용을 일지에 기록하여 그룹원들과 공유한다. 타임 키퍼는 시간 관리자로서 그룹 코칭이 시간 내에 진행되도록 체크를 한다. 말을 너무 많이 하는 그룹원에게는 시간을 환기시켜주고, 진행상 시간이 촉박해지면 그룹 전체에도 이를 알려준다. 에너자이저는 재미있는 유머 등으로 전체 분위기를 즐겁게 해준다. 이 같은 역할을 그룹원 모두가 경험해보도록 세션마다 돌아가면서 맡으면 더 효과적이다.

역할 나누기는 코치에게도 득이 된다. 그룹원들이 자기 역할을 하는 동안 코치는 전체를 살피면서 코칭이 잘 이루어지도록 지속적으로 통찰과 개입을 할 수 있게 된다. 적극적인 개입과 소극적 개입을 통해 효과적인 그룹 코칭이 되도록 유도한다.

균형적으로 참여하도록 촉진하기 Encouraging Participation

과정에 잘 참여하고 만족도가 높은 그룹원은 다음 세션까지의 과제 실행에 적극적이지만, 불만이 있거나 잘 참여하지 않는 그룹원은 소극적인 자세를 보이게 된다. 따라서 전 그룹원들이 '균형적으로 참여'할 수 있도록 촉진하는 일이 중요하다.

우선은 모든 그룹원들이 공감할 수 있는 공동의 목표를 설정하여 적극적인 참여를 유도할 필요가 있다. 공동 목표를 설정할 경우에는 1인당 3개 정도의 목표를 생각하게 하고 비슷한 내용끼리 모은 다음 가장 많이 나온 순서대로 2~3개를 선택하게 한다. 이 같은 상호작용을 통한 활동이 균형 있는 참여를 촉진한다. 또한 주제 목표에 대한 토의 등에서 참여가 소극적인 그룹원을 잘 살펴 추가 질문을 통해 발언하게 하는 것도 좋은 방법이다. 반대로 너무 자주 발언하는 그룹원은 적절하게 제한하여 모든 그룹원들이 균형 있게 참여할 수 있게 한다.

통하는 길로 가라

효과적인
의사소통

적극적 경청 Active Listening

코칭에서 경청이 중요한 이유는 코치가 고객의 상황을 파악할 수 있는 것은 물론, 그 이상의 효과를 나타내기 때문이다. 코치의 경청 속에서 고객은 자신의 생각을 말하면서 그 생각을 정리해내고, 통찰을 얻으며, 창조적인 아이디어도 만들어낸다. 그런 의미에서 코치의 경청은 고객이 뭔가를 창조해내도록 안전한 공간을 만드는 일이라고 할 수 있다.

그렇다면 코치는 어떻게 경청을 하고, 그것을 통해 무엇을 얻을 수 있을까? 코치는 단지 고객의 말만 듣는 것이 아니라 말하지 않은 것, 즉 말의 이면에 있는 맥락까지 들어야 한다. 이를 위해서는 고객이 하는 말, 음성이나 어조, 표정, 제스처, 전체적인 에너지에 이르기까지 전방위적인 주의를 기울여야 한다. 그러면 고객 안에 잠재된 욕구와 감정, 말하기를 꺼리는 부분까지 들을 수 있게 된다.

사람들은 같은 단어를 쓰더라도 자신만의 삶의 경험과 감정에서 나오는 독특한 의미를 실어 전달한다. 따라서 코치는 들은 것을 자기 식대로 해석하거나 재단하지 말고 철저히 고객의 입장이 되어, 단어가 아닌 그 속의 의미를 들어야 한다. 이렇게 들어야 할 모든 것을 듣기 위해 주의를 기울이고 공감하며 능동적으로 듣는 것이 적극적 경청이다. 적극적으로 경청하는 코치를 보면서 고객은 자신의 에고가 충족되는 경험과 함께 자신감을 느끼게 된다.

간혹 코치가 모든 것을 자기 식대로 이해하려는 태도를 보이는 경우가 있다. 이 때문에 자신의 머릿속에서 정리되거나 납득되지 않는 것을 계속 캐묻게 되는데, 이는 고객을 위해 아무런 도움이 되지 않는다. 코치가 모든 것을 알아야 하는 것은 아니며, 코치의 이해를 위해 고객이 일일이 설명해야 하는 것도 아니다. 코치는 들을 것을 듣되 '코칭을 위해' 들어야 한다.

그룹 코칭에서의 적극적 경청도 마찬가지다. 그룹원들이 하는 말의 내용뿐 아니라 그들의 내면에서 나오는 소리를 들어야 하며, 그룹원들 간의 상호작용과 그룹의 열정 등 보이지 않는 것을 듣고 반영해야 한다. 또 경청의 모범을 보임으로써 그룹원들이 서로의 이야기를 경청하도록 촉진하고, 맥락에 주의를 기울이도록 이끌어야 한다.

적극적 경청을 위해서는 다음의 방법을 훈련할 필요가 있다.

첫째, 머릿속에서 자신의 생각을 지운다. 개인적인 관심사나 걱정거리, 상대방에 대한 판단 등 경청을 방해하는 생각이 떠오르면 즉시 지워버린다. 다시 떠오르면 또 지우면서 계속 의식을 상대방에게 집중하기 위해 노력한다.

둘째, 상대방에게 집중하되 이야기에만 매몰되지 말고 주변에도 주의를 기울인다. 말하는 사람의 표정과 에너지, 주위에서 벌어지는 미묘한 변화, 코치에게 주는 영향 등을 주의 깊게 살핀다. 특히 그룹 코칭에서는 그룹원이 말하는 것과 그것이 다른 그룹원들에게 일으키는 영향을 주의 깊게 관찰한다. 말하는 사람의 에너지가 미치는 영향, 다른 그룹원들의 표정이나 추임새 등 모든 것에 주의를 기울인다.

셋째, 들은 것을 요약해주거나 이름을 붙여줌으로써 고객이 자신의 생각을 더 명료하게 정리하도록 도우며 그 의미를 공유한다.

넷째, 말 이면에 깔려 있는 고객의 감정, 욕구, 의도 등 맥락을 듣는다. 예를 들어 "너무 일이 많아 힘들다"는 고객의 말은 '이렇게 힘든데도 일을 다 해내는 나를 인정해달라'는 욕구의 표현일 수 있고, '회사가 너무한다. 떠나고 싶다'는 하소연일 수도 있다. 그런 속내를 파악하는 것이 맥락을 듣는 것이다.

그룹원들이 적극적 경청을 잘하도록 하기 위해 누군가가 한 말의 이면에 깔려 있는 감정과 욕구를 읽어주는 실습을 해보는 것도 좋다. 실질적인 경청 능력을 향상시킬 수 있을 뿐 아니라 그룹원들 간의 상호 신뢰를 촉진할 수 있다.

A팀장 : 회사 일 하느라 바쁜 것이 잘나가는 건 줄 알았는데, 솔직히 제일 불쌍하게 사는 겁니다. 애들하고 얘기할 시간도 없으니 나중에 늙어서 왕따될 것 같습니다. 취미생활은 사치고요….

코치 : 아, 아이들과 함께하거나 취미생활을 할 시간이 부족하다는 말씀이네요. 회사에서도 인정받고 아이들과 대화도 하면서 취미생활도 할 수 있었으면 좋겠다는 뜻이지요? 일하느라 삶을 다 희생해버리는 것이 아니라 뭔가 삶에 충만감을 원하는 것 같습니다.

A팀장 : 그렇죠. 웰빙과 힐링이 대센데, 저는 일만 하고 있죠.

(그룹원이 한 말의 이면에 있는 감정과 욕구를 들어주고 의미를 긍정적으로 확장해주었다.)

코치 : 지금 이런 환경에서 조금이라도 삶을 충만하게 할 수 있는 것이 있다면 그건 무엇일까요?

A팀장 : 글쎄요…. 주말에라도 아이들과 놀아주거나 뭔가 보람 있게 보내고 싶어요. 피곤하다는 핑계로 잠을 자거나 겨우 마트에 가주는 게 다거든요.

코치 : 만약 주말을 좀더 의미 있게 보낸다면 가족 분위기가 어떻게 달라질까요? A팀장님 자신에게는 어떤 영향이 있겠습니까?

다시 말하기 Paraphrasing

다시 말하기는 고객이 말한 내용을 코치가 되돌려주듯 말하는 것이다. 이는 코치의 생각이나 판단을 배제한 채 고객이 한 말을 그대로 반복하는 것이다. 코치는 다시 말하기를 통해 고객의 말을 잘 듣고 있으며 고객의 입장을 이해하려고 노력하고 있음을 보여줄 수 있으며, 자신이 고객의 말을 제대로 이해하고 있는지 확인할 수 있다. 고객 역시 코치의 입을 통해 자신이 한 말을 다시 들음으로써 자신의 생각과 감정을 스스로 탐색하고 구체화하여 정리할 수 있게 된다. 서로를 정확하게 이해하게 되는 것이다. 이를 통해 대화의 초점을 유지하고, 상호 신뢰를 높이며, 관계를 향상시킬 수 있다.

다시 말하기는 고객의 말이 길게 늘어지거나 같은 이야기를 반복할 때에도 효과적으로 사용할 수 있다. 특히 그룹 코칭에서 한 개인이 대화를 독점하는 경우 코치가 다시 말하기와 요약을 통해 상대방을 존중하면서도 코칭의 방향을 잃지 않고 생산적인 코칭을 계속할 수 있다.

'아마추어는 귀로 듣고, 프로는 입으로 듣는다'는 말에서도 알 수 있듯이 들은 내용을 입으로 다시 표현하는 것은 생각만큼 쉽지 않다. 우리는 보통 남의 말을 들으면 자신의 틀과 경험에 비추어 해석하고 분석하여 충고하고 조언하려 든다. 그러면 대화의 중심이 고객으로부터 벗어나 자신이 하고 싶은 말만 하게 되고, 코칭의 영향력도 사라지고 만다. 다시 말하기는 고객을 향한 초점을 지키고, 자신을 내려놓는 의식적인 노력 위에서 행할 수 있는 전문적인 기술이다.

다시 말하기에서 주의할 점은 고객의 표현을 단순히 기계적으로 반복하지 않는 것이다. 그것은 의미 없는 반복에 불과하다. 앵무새처럼 따라하지 않으려면 고객의 메시지 속에 숨어 있는 느낌을 살리고, 고객이 진정 말하고자 하는 것이 무엇인지에 대한 이해가 필요하다.

고객 : 요새 몸이 안 좋아서 걱정이에요. 한번 감기에 걸리면 한 달이 지나도 안 낫고, 계속 감기를 달고 사는 거예요. 먹는 것도 변변치 않고, 운동을 하려고 해도 시간이 없고. 이렇게 그냥 살다가 갑자기 쓰러질지도 모르겠어요.

코치 : 요새 몸이 안 좋으시군요. 감기도 잘 안 낫고, 식사나 운동도 마음대로 안 되고, 갑자기 쓰러질까봐 걱정이라는 말씀이시죠?

(한참 동안 장황하게 상사에 대한 불평을 늘어놓는 그룹원에게 코치가 말한다.)

코치 : 그러니까 현재 가장 힘든 것은 상사를 대할 때 불편한 것이라는 말씀이네요.

명료화 Articulating

코치가 고객의 말에서 파악한 핵심을 말해주는 것이 명료화다. 고객은 어떤 이슈에 대해 자신의 생각을 말하지만 아직 정리되어 있지 않거나 핵심을 지나치는 경우가 많다. 그럴 경우에 코치가 명료하게 정리해주면 고객의 사고가 진전된다. 코치의 말이 '그렇구나!' 하고 깨닫는 계기가 되는 것이다.

고객 : 회의 때 제가 방향을 제시했는데도 직원들이 반대 의견을 내더군요. 정말 실망스럽고 화가 났어요. 회의 끝나고 나오면서 다른 부서장들이 저보고 "직원들이 당신 말을 듣지 않더군!" 하고 말하는데, 정말 자존심이 상하더라고요.

코치 : 직원들의 반대 의견에 대해 리더로 존중하지 않는 것으로 느끼셨군요.

고객 : 네… 그렇네요. 그래서 불쾌했던 것 같습니다.

코치 : 상사를 존중하는 것과 반대 의견을 내는 것에 대해 함께 생각해보죠.

코치는 명료화를 위해 섬세한 언어구사 능력을 갖춰야 한다. 고객들의 언어 수준은 매우 다양하다. 적절한 표현이 떠오르지 않아 다르게 말하기도 하고, 용기가 부족해서 애매한 표현으로 자신의 욕구를 감추기도 한다. 이때 코치는 핵심을 찔러 말함으로써 고객이 원하는 지점으로 이동하도록 돕거나 제안할 수 있다.

고객 : 매일매일 밀려오는 일들을 처리하느라 제 힘이 다 소진되는 것 같습니다. 직원 육성은커녕 잠깐 쉴 시간도 없는 거죠. 높이 올라갈수록 전략적으로 생각할 시간이 필요한데, 어찌 된 일인지 갈수록 더 바빠지기만 하네요.

코치 : 바쁜 일 처리가 능사가 아니고, 질적인 시간이 필요하다는 말씀이시네요.

고객 : 네, 제가 바라는 게 그거예요.

그룹 코칭에서도 명료화, 명확화 스킬이 필요하다. 다수의 그룹원들이 하나의 어젠다에 대해 저마다의 경험과 시각을 표현할 때 코치가 제대로 정리해서 명확하게 이끌지 못하면 이럴 수도 있고 저럴 수도 있다는 식의 애매한 결론으로 끝나버리기 쉽다. 그로 인해 배움이 약화되고 만다.

그룹원 A : 매일매일 밀려오는 일을 처리하느라 제 힘이 다 소진되는 것 같습니다. 직원 육성은커녕 잠깐 쉴 시간도 없는 거죠. 높이 올라갈수록 전략적으로 생각할 시간이 필요한데, 어찌 된 일인지 갈수록 더 바빠지긴만 하네요.

그룹원 B : 그게 운명이라니까요. 우리 상사분 보세요. 저보다 더 바빠요. 우리 조직에서는 어쩔 수 없는 현상이라니까요.

그룹원 C : 그렇죠, 뭐. 우리만 그런 게 아니죠.

코치 : 바쁜 일 처리에만 골몰해서는 조직이 변화하지 않을 거라는 말씀이죠? 리더일수록 질적인 시간이 필요하다는 뜻이네요.

그룹원 A, B, C : 네… 바뀌어야 하는데 말이죠.

재초점화 Refocusing

부하직원의 동기부여에 관한 코칭세션에서 한 그룹원이 주제에서 벗어난 얘기를 한다.

"요즘 젊은 친구들은 회사에 대한 주인의식이 없는 게 문제에요. 풍족한 환경에서 힘든 일 없이 자라서 심약하죠. 툭하면 회사 옮기고. 우리 한국은 선진국을 카피하면서 성장해왔는데, 이미 한계에 부딪혔어요. 뒤로는 중국, 인도 같은 나라들이 바짝 좇아오는데…."

이때 "잠깐만요!" 하고 코치가 끼어든다.

"처음에 부하직원들의 주인의식에 대해 말씀하신 부분이 흥미로운데요, 동기부여를 위해 주인의식이 왜 중요한지 말씀해주실 수 있을까요?"

이처럼 코치가 주제를 벗어나서 '방황하는' 고객을 원래의 주제로 되돌아올 수 있도록 도와주는 것을 '재초점화(refocusing)'라고 한다. 이 코칭스킬은 다수로 이루어지는 그룹 코칭에서 특히 필요하다. 그룹원들이 같은 주제에 초점을 맞추고 함께 이야기를 해나가도록 해야 하기 때문이다.

그룹원들이 주제에서 벗어난 이야기를 하는 데는 몇 가지 이유가 있다. 딴 생각을 하다가 대화의 흐름을 놓쳤을 수도 있고, 대화 내용을 자기 식대로 해석해서 엉뚱한 이야기를 꺼낼 수도 있으며, 생각이 꼬리에 꼬리를 물어 초점을 잃는 수도 있다.

대화가 주제에서 벗어났을 때 경험이 부족한 코치는 경청을 해야 한다는 생각에 사로잡혀 아무런 조치도 취하지 않고 속을 끓이며 주저리 주저리 펼쳐지는 대서사시를 끝까지 듣는다. 코치의 개입이 없는 상태에서 발언자는 계속해서 도움도 안 되는 이야기를 하게 되고, 그러는 동안 그룹 전체의 에너지는 낮아진다. 그룹원들은 점차 코치의 능력과 역할에 대해 회의를 품게 되고, 결과적으로 코칭은 실패로 돌아가게 된다.

코치는 이야기가 겉돈다고 판단되면 즉시 "잠깐만요!"를 외치고 잘못 가는 흐름을 끊을 수 있어야 한다. 물론 괜찮겠느냐고 사전 동의를 구하는 것이 바람직하다. 어떤 경우에는 궤도의 이탈 정도가 애매해서 좀 더 지켜봐야 할 때도 있다. 이때는 좀 더 지켜보다가 주제에서 벗어난 것이 명확해졌을 때 재초점화를 시도한다.

"지금까지 좋은 대화들이 있었는데요, 처음 우리가 다루었던 주제인 부하직원의 동기부여로 다시 돌아갔으면 합니다."

재초점화를 할 때 주의할 것은 그룹원들을 부정하지 않는 것이다. 부정은 반감을 낳기 쉬우므로 부정의 뉘앙스를 주지 말고 그들의 이야기 뒤에 숨어 있는 긍정적인 의도를 인정하고 칭찬하는 것이 효과적이다. 또한 자신의 판단을 잘 관찰할 필요가 있다. 재초점화를 하기 전에 지금의 대화가 코칭에 도움이 안 되는 진짜 궤도 이탈인지, 아니면 실제로는 코칭에 도움이 되는데도 코치 자신이 그린 이상적인 대화상에 사로잡혀 궤도 이탈로 간주하고 흐름을 통제하려는 것이 아닌지 돌아볼 필요가 있다.

질문 Asking a Question

질문은 스스로 생각하게 만들고, 알고 있거나 믿고 있는 해결책을 이끌어내며, 잠재된 능력과 가능성을 발견하여 실천하도록 하는 강력한 에너지를 가지고 있다. 이와 같은 질문의 힘은 7가지로 요약할 수 있다. '질문을 하면 답이 나오고, 생각을 자극하며, 정보를 얻게 된다. 또 질문은 대화의 방향을 만들어내고, 마음을 열게 하고, 귀를 기울이게 하며, 질문을 받으면 스스로 설득이 된다.' 그래서 좋은 질문은 자발적 변화를 유도하는 가장 강력한 수단이 된다.

《코칭 퀘스천》의 저자 토니 스톨츠푸스(Tony Stoltzfus)는 질문이 중요한 이유를 다음과 같이 설명한다.

"고객 스스로 무엇을 좋아하는지, 언제 행복해하는지, 어떤 변화를 추구하는지 등 자신보다 자신을 더 잘 아는 사람은 없다. 그래서 만약 고객이 다른 사람들과의 관계를 개선하길 원하거나 고객이 변하고자 하는 정확한 목적을 가지고 있다면, 질문은 고객에게서 그 모든 정보를 끄집어낼 수 있게 해준다."

코칭의 궁극적인 목표는 변화를 가져오는 것이다. 하지만 정작 어떤 변화를 가져올지에 대해서는 모르거나, 알더라도 불분명한 경우가 많다. 여기서부터 코칭이 출발한다. 그리고 처음부터 끝까지 질문이 동행한다. 사람들은 질문을 통해 스스로 변화에 필요한 답을 하나씩 하나씩 찾아나가면서 큰 자극을 받으며, 한 단계 한 단계 실행하는 과정에서 변화를 실감한다.

코칭에서 질문이 중요한 까닭은 다른 무엇보다 고객이 변화를 위한 행동에 나서게 한다는 데 있다. 고객은 변화를 원할 때 코칭을 요청하지만, 이를 위해 자신이 해야 할 일들을 알고 있는 경우가 적지 않다. 이때 필요한 것은 이러저러한 방법이 아니라 고객이 생각하는 것을 추진할 수 있는 원동력, 즉 자신에 대한 신뢰다. 이런 상태에서 코치의 질문은 고객을 신뢰하고 지지한다는 확실한 메시지가 되어 강력한 추동력으로 작용한다. 고객이 할 수 없다고 느꼈던 것들을 할 수 있게 하는 자신감을 강화시켜주는 것이다.

사람의 마음을 움직이는 멋진 질문은 코치와 고객 사이에 깊은 유대감을 조성하기도 한다. 이것은 질문에 진심이 담겨 있기 때문이다. 상대방에게 관심을 가지고, 인정해주고, 존경하며 사랑한다는 것을 느끼게 하는 것보다 인간관계를 돈독히 하는 것은 없다.

이처럼 질문은 고객의 마음을 열게 하고 관계를 강화시켜 변화를 이루어내는 코칭의 핵심 스킬이라고 할 수 있다. 그러면 코칭에서 유용하게 사용할 수 있는 질문 방법에 대해 알아보자.

열린 질문과 닫힌 질문

'열린 질문'은 질문을 받은 사람이 자신의 잠재의식에까지 도달하게 하는 질문으로, 생각을 심화하고 확장할 수 있도록 돕는 질문이다. 그래서 깊이 생각하지 않고는 바로 대답할 수 없으며, 둘 이상의 해답이 존재하거나 사람마다 다른 대답을 제시할 수도 있다. 사람은 이 같은 열린 질문을 통해 자신의 가능성을 발견하고 확대할 수 있게 된다.

닫힌 질문	열린 질문
이 기획이 차별성이 있습니까?	이 기획의 차별성은 무엇이라고 생각합니까?
이것을 개선해야 하나요?	어떤 점을 개선해야 할까요?
디자인이 가장 중요하지 않나요?	가장 중요한 요소는 어떤 것인가요?

이와 반대로 '닫힌 질문'은 예 또는 아니오처럼 단답형으로 답을 하게 되는 질문으로, 잠재의식을 깨우지 못하고 피상적인 수준에 머무르고 만다. "고향이 어딘가요?", "결혼은 하셨나요?"와 같은 질문에는 누구나 깊은 생각 없이 즉시 대답하게 된다. 그래서 닫힌 질문은 상대방이 말한 내용을 확인하거나 고민이 필요 없는 단순한 선택이 요구되는 경우에 사용하게 된다. 그래서 코칭에서는 가능한 한 열린 질문을 활용하도록 한다.

미래 질문과 과거 질문

미래 질문은 미래형의 단어가 포함된 질문이다. 미래의 가능성을 끄집어내는 질문이라고 할 수 있다. 미래를 생각하게 하고, 현재에서 미래로 가기 위해 무엇을 해야 하는지를 묻는다. 예를 들어 "상황이 바뀌어 무엇이든지 할 수 있다면 앞으로 어떻게 하는 것이 좋을까요?"라고 질문하는 것이다.

과거 질문은 과거형 단어가 포함된 질문으로 "지난번에는 어떻게 해결했나요?"처럼 과거에 일어난 일들에 초점을 맞추는 질문이다. 일상의

과거 질문	미래 질문
지난 프로젝트에서 어떤 점을 참고할 수 있나요?	계획대로 된다면 5년 후에는 어떤 모습일까요?
이것을 시작하게 된 동기와 배경은 무엇인가요?	이 일과 관련하여 무슨 일을 하고 싶은가요?
처음 시작할 때 그린 그림은 어떤 것이었나요?	무엇을 이루면 이 일이 성공이라고 할 수 있나요?

대화에서 많이 등장하지만, 코칭에서는 과거의 경험이나 가치에 대한 확인을 통해 미래에 대한 방향성을 갖게 하는 데 사용한다.

미래 질문과 과거 질문 모두 코칭에서 유용하게 사용할 수 있다. 과거 질문으로 미래의 방향성을 찾고 미래 질문으로 가능성을 끄집어낼 수 있다면, 고객은 미래 지향적인 의식을 가지고 자신의 가능성을 발견하여 실현하기 위한 노력을 해나갈 수 있을 것이다.

가능성 질문과 추궁형 질문

가능성 질문은 질문 속에 부정적인 의미가 없는 질문이다. 밝고 희망적인 느낌을 주어 상대방의 의식을 확장시키고 긍정적인 방향으로 나아갈 수 있게 한다. 이와 반대로 추궁형 질문은 부정적인 느낌으로 상대방을 위축시켜 사고와 행동을 제한하게 만든다. 예를 들어 "어째서 일이 순조롭게 진행되지 않는 거죠?"라는 추궁형 질문을 받으면 안 되는 이유만을 늘어놓게 되지만, "어떻게 하면 일이 순조롭게 진행될 수 있을까요?"처럼 가능성 질문을 받으면 일이 되게 하는 방향으로 생각을 집중하게 된다.

추궁형 질문	가능성 질문
이번 일은 왜 이 모양으로 했죠?	어떻게 하면 일을 잘할 수 있을까요?
이 정도밖에 못합니까?	수준을 높이려면 무엇을 달리 시도해봐야 할까요?
입사 몇 년차인데 아직도 일을 그렇게 합니까?	어떤 면에서 더 노력을 기울여야 할까요?

상대방의 가능성을 이끌어내기 위해서는 추궁형 질문을 자제하고 가능성 질문을 던질 수 있어야 한다. 가능성 질문이 에너지를 높이고 좋은 결과를 낳는다.

좋은 질문은 고객에게 초점을 맞추고, 고객의 구체적인 경험을 확인하고, 고객의 의식 속에 있는 다양한 가능성들을 자극하며, 고객의 긍정적인 표현과 행동을 이끌어낸다. 반대로 나쁜 질문은 코치의 관심을 중심에 두고, 코치가 의도한 대로 이끌며, 구체적이지 않고 포괄적이며, 고객에게 아무런 자극을 가하지 않는다. 고객에게 집중하여 고객과 함께 춤을 출 수 있는 질문을 던져야 한다.

강력 질문 Powerful Questions

질문 중에서도 고객 스스로 참신한 생각을 하도록 자극하고, 새로운 통찰력을 얻게 하고, 문제를 명확히 하고, 혁신적인 가능성을 찾아내게 하는 질문이 있는데, 이러한 질문을 '강력 질문'이라고 한다. 예를 들면

"지난 6개월간 스스로 나아졌다고 생각하는 점은 무엇입니까?", "요즘 걱정하는 것들 가운데 하나를 줄일 수 있다면 무엇이 좋겠습니까?", "당신의 가장 큰 장점은 무엇이라고 생각합니까?", "당신이 가진 권한 내에서 바꾸고 싶은 한 가지가 있다면 어떤 것입니까?", "당신 팀이 다음 단계로 나아가기 위해 필요한 것은 무엇입니까?", "지금까지 이룬 것들을 생각할 때 스스로를 어떻게 인정해주시겠습니까?" 등이다. 이런 질문을 받으면 고객이 순간적으로 무방비 상태가 되어 생각을 멈추게 된다. 지금까지 고객 스스로 생각해보지 못한 내용이나 방법을 찾거나 전혀 새로운 방식으로 문제를 바라보아야 하기 때문이다. 강력 질문은 이처럼 자극적이고 색다른 자극으로 고객을 더 높고 깊은 영역으로 이끈다.

고객의 관점에서 보면 강력 질문은 호기심을 유발하는 질문이기도 하다. 호기심은 몰랐거나 이미 알고는 있지만 미처 발견하지 못한 부분을 새로 인식하게 되는 심리작용으로, 코치에게는 매우 중요한 접근 방법이다. 호기심을 통해 코치는 고객이 무엇에 관심을 갖는지, 어떻게 마음이 움직이는지를 알 수 있게 되어 보다 깊이 있는 코칭을 할 수 있다.

성찰 질문 Inquiry

성찰 질문은 강력한 질문의 특별한 형식으로, 고객이 다양한 측면에서 곰곰이 생각하여 답을 찾게 해주는 질문이다. 같은 성찰 질문이라도 깊이와 성격에 따라 오랜 기간을 요하는 것이 있고 매일매일 할 수 있는 것이 있다. 고객은 이를 통해 자신의 삶 속에서 많은 것들을 배울 수 있다. "당신은 무엇을 원하는가?", "당신에게 존재한다는 것은 무슨 의미인가?", "당신은 무엇을 그냥 놔두어야 하는가?", "매일 아침 당신에게 할 수 있는 강력 질문은 무엇인가?", "당신을 제한하는 것은 무엇인가?", "무엇이 당신을 자유롭게 하는가?", "오늘 당신에게 감사한 것은 무엇인가?", "당신이 꺼리는 변화는 무엇인가?", "당신이 지금 버려야 할 것은 무엇인가?"와 같은 질문을 함으로써 고객은 변화에 필요한 요소와 성장을 가능하게 하는 방법을 알게 된다.

이뿐만 아니라 성찰 질문은 변화와 성장을 지속시켜나가게 만든다. 어떤 변화가 일어났고, 그로 인한 결과는 무엇이었으며, 계속해서 유지할 것과 또 다른 변화가 필요한 것은 무엇인지를 성찰을 통해 깨닫고 실행할 수 있기 때문이다.

코칭에서는 보통 마무리 단계에서 성찰 질문을 한다. 그간의 과정에서 배우고 발견한 내용을 확인, 정리하거나 다른 단계로 넘어가기 위함이다.

부메랑 Boomerang

"코치님, 이럴 때는 어떻게 하면 되나요?"

이렇게 질문하는 고객은 코치가 당연히 답을 갖고 있을 것이라고 생각한다. 그에 부응하여 코치도 자기도 모르게 답변을 하려 든다. 물으면 답해야 한다는 강박관념 때문이다. 하지만 질문이 날아올 때마다 물고기가 낚시바늘을 물 듯 덥석덥석 답해버리는 코치는 급이 높은 코치라고 할 수 없다. 그런 코치는 코칭의 가장 중요한 전제인 '사람은 무한한 가능성을 지닌 존재다'라는 사실을 망각한 것이다. 사실 고객들 대부분은 이미 답을 갖고 있다. 단지 그것을 모르고 있거나 부족한 확신을 얻기 위해 위와 같은 질문을 하는 것이다.

코치가 고객의 질문에 바로 답하는 것에 신중해야 하는 또 다른 이유는 오너십(ownership), 즉 주인의식의 문제 때문이다. 코치가 답을 주면 고객은 그 답에 대해 100% 주인의식을 느끼기 어렵다. 설사 코치의 답대로 실행해서 좋은 결과가 나왔다고 해도 자신이 해냈다는 충만감이 작을 수 있고, 자칫 안 좋은 결과가 나왔을 때에는 그것을 자신의 것으로 받아들이지 않고 코치를 원망할 수 있다.

그렇다면 어떻게 해야 할까? 고객의 질문에 질문으로 대응하는 것이다. 이것을 '부메랑(boomerang) 스킬'이라고 한다. 질문을 던진 사람에게 질문을 되돌리는 것이 던진 사람에게 돌아오는 부메랑과 비슷해서 붙인 이름이다. 예를 들면 위의 질문에는 "대표님 자신은 어떻게 생각하십니까?" 하고 되물을 수 있다. 그러면 고객이 다시 코치의 질문에 대답하면서 해답을 찾고 확신을 갖게 된다. 코치는 답을 주지 않았지만 답을 찾도록 지원한 것이다.

이와 같은 부메랑 효과를 일으키는 질문의 예로는 "당신 자신은 어떻게 생각하십니까?", "당신께서 그것을 묻게 된 어떤 이유가 있나요?", "만일 당신께서 그 질문에 대해 답을 알고 있다면 어떻게 하시겠습니까?" 등이 있다.

부메랑 스킬을 쓸 때는 2가지를 유의해야 한다.

첫째, 절제해서 써야 한다. 다음의 대화는 코치 2명이 음식점에서 주문을 하며 나눈 것으로, 부메랑 스킬의 부작용을 보여준다.

코치 A : 무엇을 시킬까요?

코치 B : 좋은 질문이네요. 코치님은 무엇이 좋은가요?

코치 A : 음… 코치님의 의견을 듣고 싶어요.

코치 B : 음, 전 코치님이 좋아하는 음식을 고르도록 서포트하고 싶습니다. 자, 그럼 만약에 코치님이 이 집에서 제일 맛있는 음식을 이미 알고 있다면 어떤 것을 고르실 것 같습니까?

코치 A : 감사합니다. 저도 같은 마음이에요. 그렇다면 코치님이 좋아하는 음식을 고르기 위해서 어떤 것이 필요한지 얘기해볼까요?

식당 아줌마 : 대체 한 시간 동안 뭐하는 거에요! 그냥 김치찌개 드세요. 여기 김치찌개 2인분!

부메랑 스킬을 과용하면 식당에서 주문을 못하는 것 외에도 큰 부작용이 있다. 고객이 하는 모든 질문에 "당신은 어떻게 생각합니까?"라고 하면 고객은 코치가 자신을 충분히 서포트할 의지나 능력이 있는지 의문을 가질 수 있다.

둘째, '고객은 무한한 가능성을 갖고 있으며 자신의 문제에 대해 답을 알고 있다'는 코칭의 기본 전제를 믿어야 한다. 단순히 질문을 되돌리는 것은 부메랑 스킬이 아니다. 내용상으로는 같은 질문인 것처럼 보이지만 부메랑으로 되돌리는 질문은 '난 당신이 답을 알고 있다고 믿습니다'라는 코치의 에너지가 실린, 질적으로 다른 질문이어야 한다. 야구에서 같은 스피드의 공을 던지더라도 공 끝이 묵직하면 명품 투수가 되고 가벼운 공을 던지면 두들겨 맞는 것과 같은 이치다.

허락 구하기 Asking Permission

이는 코치가 고객에게 먼저 수락을 청하는 것이다. 신중함이 필요한, 민감하거나 다루기 힘든 부분에 접근할 때 이 스킬을 사용한다. 코치가 허락을 구했을 때 고객이 거절한다면 그것을 받아들이고 이해해야 한다. 예를 들면 "말하기 어려운 진실을 말해도 될까요?", "이것에 관해서 코칭해도 괜찮겠습니까?", "언급하시지 않고 지나간 부분에 대해 더 질문해도 될까요?"와 같이 말한다.

핵심 말하기 Bottom-Lining

핵심 말하기는 이야기의 핵심을 간결하게 표현하는 것이다. 고객과 코치 모두에게 유용하다. 어떤 고객은 핵심과 거리가 먼 이야기의 배경에 대해 장황하게 말한다. 이럴 때 코치가 고객에게 "이야기의 핵심이 뭐죠?"라는 하면 서로 핵심을 공유할 수 있다.

그룹 코칭에서는 핵심 말하기가 특히 유용하다. 한정된 시간 동안 그룹원들이 양질의 토의를 할 수 있게 해준다. 자신의 이야기를 길게 말하는 그룹원에게 "다른 사람들이 이해하기 쉽게 한 문장으로 요약해주시겠어요?"라고 요구하여 토의가 늘어지는 일 없이 효율적으로 진행되도록 할 수 있다.

이 기술의 활용도를 높이기 위해 첫 번째 세션에서 미리 그룹원들에게 소개하는 것이 바람직하다. 세션 중에는 그룹원이 말하기에 앞서 어느 정도의 시간을 사용해야 하는지를 알려주고, 말할 내용의 핵심을 정리할 시간을 2~3분 정도 부여한다. 또한 타이머로 말하는 시간을 재서 그룹원에게 알려주는 것도 기술 향상에 효과적인 방법이다.

정돈하기 Clearing

고객이 코칭에 몰입하기 어려운 상황이거나 정신적으로 복잡한 상태에 처해 있을 때, 코치는 고객이 자신의 감정을 충분히 표현하게 하고 적극적으로 경청을 해줌으로써 심리적인 안정을 찾고 다음 단계로 나아가는 것을 도와줄 수 있다. 이것이 '정돈하기'다. 고객이 억압된 감정에 사로잡혀 있는 경우에는 코칭이 효과를 거둘 수 없다. 정돈하기를 통해 고객이 불편한 심리에서 벗어날 수 있게 해야 한다.

그룹 코칭을 시작하는 단계에서도 그룹원들이 다른 생각들 때문에 집중하지 못하는 것 같으면 코치가 잠시 정돈하기를 요청하는 것이 좋다. "잠시 생각과 감정을 비우는 시간을 갖겠습니다" 하고 1~2분 정도 시간을 주거나 "지금 코칭에 집중하는 데 방해되는 생각이 있습니까?"라고 질문하여 자연스럽게 정돈하기를 유도한다. 단, 시간이 너무 길어지지 않도록 조절한다.

은유적 표현 Listening to Metaphors

코칭은 고객과 코치가 주고받는 언어로 이루어진다. 하지만 자신의 내적인 상태와 상황을 타인에게 설명하는 것은 매우 제한적일 수밖에 없다. 그래서 자신이 말하고자 하는 것과 비슷한 속성을 가진 대상에 빗대어 표현하게 되는데, 이것이 바로 '은유'다. 은유는 언어의 한계를 넘어 자신의 뜻을 전달하고 상대방이 실감할 수 있게 해주는 기술로, 강력한 인상을 받게 해준다. 아리스토텔레스는 은유를 "서로 다른 사물들의 유사성을 재빨리 간파할 수 있는 천재의 표징"이라고 했다.

고객이 사용하는 은유에는 고객의 감정과 삶에 대한 진지한 통찰이 내포되어 있다. 코치는 이러한 고객의 은유를 놓치지 말고 주의해서 다루어야 한다. 그래야 고객의 내면으로 들어가 그의 주관적 현실 인식을 파악할 수 있는 열쇠를 얻고 고객과 함께 해결책을 찾을 수 있다.

만약 고객이 자신의 현재 상황을 "짙은 안개 속에서 헤매고 있는 것 같다"고 표현했다면, 코치는 짙은 안개 속에서 헤매고 있는 것이 어떤 느낌인지를 질문함으로써 고객의 상태를 구체적으로 알려주는 단서를 발견할 수 있다. 안개의 정체가 무엇이고 얼마나 짙은지를 들어보면 상태를 정확히 진단해낼 수 있다. 또한 안개 밖에는 무엇이 있으며, 100미터 상공에서 자신의 모습을 내려다본다면 무엇이 보일까를 생각해보게 함으로써 고객이 자신의 상황을 벗어나 다른 각도에서 조망하고 새로운 가능성의 세계로 나아가도록 도울 수 있다.

코치로서 확신이 있다면 적극적으로 은유를 사용하여 고객에게 메시지를 전할 수도 있다. 예를 들어 아내와의 엇갈린 의사소통 문제로 힘들어하는 고객에게 다음과 같은 우화를 전해줄 수 있다.

"말씀을 들으니 수사자와 암소 부부 이야기가 생각나네요. 둘은 서로를 너무 사랑해서 자신이 제일 좋아하는 음식을 상대에게 정성스레 대접했죠. 그래서 사자는 연한 풀을, 암소는 싱싱한 살코기를 먹어야 했습니다. 두 분께서는 서로에게 어떻게 대하고 계신지요?"

자극하고 접속하라

학습 촉진과
결과 지원에
필요한 스킬

메타 보기 Meta View

고객이 눈앞에서 벌어지는 사안에 깊이 함몰되어 있을 때는 많은 가능성을 보기 어려운 법이다. 이때 자연스럽게 거기에서 벗어나 더 큰 시각을 갖도록 해주는 것이 '메타 보기' 스킬이다. 현재 고객의 상황을 높은 산 위에서 내려다보면 어떻게 보일지, 멀리 강 건너에서 바라보면 어떤 식으로 느껴질지를 생각해보게 하는 것이다. 그 영향으로 고객은 자신과 상황을 더 객관적으로 인식하게 되며, 몰입되어 격화된 감정에서 벗어나 이성적으로 사고하게 된다.

고객 : 우리가 그렇게 열심히 준비했는데도 이번에 절반밖에 수주하지 못해 정말 실망했어요. 고객사가 우리 회사 실적이 부족하다고 다른 회사와 반반씩 공동으로 프로젝트를 하도록 결정했거든요.

코치 : 어떤 점이 가장 뼈아픈가요?

고객 : 고객사가 우리를 믿지 못했다는 거죠. 만반의 준비를 한 것 같은데 50%밖에 안 주다니…. 화가 나서 담당 팀장을 혼내기도 했어요. 직원들 사기도 떨어질 것 같아요.

코치 : 이게 만약 상무님의 일이 아니라 다른 곳에서 벌어진 남의 일이라면 어떻게 보시겠습니까?

고객 : … 고객사 입장이 이해되죠. 저희는 실적이 부족하니 아무리 말해도 신뢰가 덜 갈 수 있겠죠. 그래서 절반만 맡긴 거지요.

코치 : 장기적인 사업 발전을 위해 이번 50% 수주를 최대한 잘 활용한다고 하면 그건 어떤 모습일까요?

고객 : 흠… 그야 물론 이번 사업을 통해 부족한 실적을 쌓고 절반이라도 보란듯이 고품질로 일을 해내는 거죠. 우리 실력을 보여줘서 신뢰를 얻는 기회로 만들어야겠죠. 제가 패배했다는 생각에 사로잡혀 있었던 것 같은데, 저부터 기운을 차리고 직원들의 사기를 북돋아 줘야겠네요.

메타 보기는 공간의 확장뿐 아니라 타인의 시각에서 보기, 시간의 확장을 통해서도 이루어질 수 있다. '지금 고민하는 것을 10년 뒤에 보면 어떻게 느껴지겠는가?'와 같은 질문으로 의식을 확장할 수도 있고, 공간의 바닥에 현재와 5년 뒤, 10년 뒤를 표시하고 나서 그 지점에 가서 현재를 보게 함으로써 새로운 시각을 얻게 할 수도 있다.

직관 Using Intuition

2001년 애플은 작은 휴대용 MP3 플레이어 아이팟을 내놓았다. 아이팟에 대한 시장의 반응은 열광적이었고, 이 열풍은 아이폰, 아이패드로 이어지며 애플을 세계에서 가장 가치가 높은 기업의 위치에 올려놓았다. 창업주 스티븐 잡스도 경영자로서는 이례적으로 대중의 뜨거운 사랑을 받으며 창조와 혁신의 아이콘으로 자리 잡았다.

과연 아이팟의 성공 요인은 무엇일까? 여러 가지 요인이 있겠지만 아이폰을 접해본 소비자라면 단순하고 '직관적'인 디자인을 가장 큰 매력 포인트로 꼽을 수 있을 것이다. 직관과 통하는 매력적인 상품은 인간의 감각을 자극하여 만지고 싶도록, 소유하고 싶도록 만든다.

직관은 사유나 추론 등의 논리적인 사고 과정을 거치지 않고 순간적이며 직접적으로 대상을 인식하는 것이다. 우리는 흔히 오감을 통하여 외부 세계를 경험하고 사고 작용을 거쳐 이를 해석하고 행동에 옮긴다. 이에 비해 직관은 인간이라면 누구나 타고나는 중요한 능력임에도 불구하고 이제까지 크게 주목받지 못한 여섯 번째 감각이다.

프로이트는 인간의 무의식을 연구함으로써 정신 세계의 지평을 넓힌 인물이다. 그는 자유연상을 활용하여 무의식에 접근했는데, 생각하지 않고 그저 떠오르는 대로 말하는 자유연상법은 바로 직관을 활용한 것이다. 프로이트가 무의식을 억압된 개인적 정서의 저장고로 여긴 데 비해 융은 집단무의식을 주장했다. 융은 집단무의식을 태고부터 내려오는 인류 전체의 기억을 저장한 지혜의 보고이자 영감의 원천으로 보았다. 이러한 논리를 따르면 인간은 모두 무의식 차원에서 연결되어 있다고 할 수 있다. 융은 무의식을 탐구하기 위해 단어연상을 사용했는데, 이는 사고의 과정을 더 배제하고 즉각적인 직관을 사용하기 위한 장치라고 할 수 있다.

흔히 코칭을 인지적인 과정이라고 생각하기 쉽지만, 인간의 변화는 인지적으로 설정한 방향으로 감정적인 에너지를 쏟을 때 일어난다. 인지적인 통찰 역시 지적 과정을 통해서 일어나기도 하지만 직관적으로 발생하는 일이 많다. 직관이 통찰을 불러일으키기 때문이다. 이를 '아하!' 경험이라고 한다.

코칭에서 직관이 중요한 이유는 코칭의 힘이 코치와 고객의 관계에서 발생하기 때문이다. 관계는 연결이며, 깊은 연결은 무의식 차원에서 이루어진다. 코치가 자신의 직관을 활용하는 것은 무의식이라는 거대한 자원에 접근하여 보다 더 효과적으로 고객을 도울 수 있는 방법이다. 다시 말해서 직관이란 자신의 내적인 앎을 평가하고 믿는 과정이다. 직관은 사고의 방해를 받지 않고 곧바로 아는 것이다. 직관의 과정은 선형적이지도 이성적이지도 않다. 때때로 직관을 통해 얻은 정보는 코치에게도 이성적이지 않다. 그러나 보통 이러한 정보는 고객에게 상당히 값진 것이 된다. 직관은 모험을 감수하고, 자신의 뱃속 느낌을 믿는 것이다.

실제로 코치가 코칭 장면에서 직관을 사용하기 위해서는 배짱이 필요하다. 코치의 뱃속 깊숙한 곳에서 올라오는 느낌이나 이미지는 날것의 상태다. 그것을 그대로 방치해둔다면 상해버릴 것이다. 합리적이고 논리적인 이성이 말도 안 된다며 그것을 막아서도 자신을 믿고, 연결을 믿고 용기를 낼 필요가 있다.

유능한 코치는 직관의 정확성에 집착하지 않는다. 판단을 유보하고 적중 여부보다 고객의 시야를 확장시켜주는 경험을 중시한다. 사실 고객이 코치의 직관을 받아들이지 않아도 크게 우려할 필요는 없다. 자신의 직관이 맞지 않았다는 사실을 배운 것으로 받아들이면 된다. 어쩌면 고객이 집으로 돌아가서 코치의 직관에 대하여 곰곰이 생각해보고 어떤 의미를 찾을 수 있을지도 모른다. 날아보기 전에는 얼마나 높이 날지 알 수 없는 법이다.

직관을 잘 사용한다는 것은 직관만으로 결론을 내리는 것이 아니라, 이미 파악하고 있는 정보에 직관을 고려하는 것이다. 직관은 태생적으로 불완전한 지식이다. 뉴턴이 떨어지는 사과를 보며 직관적인 통찰을 얻은 것은 그가 이미 수학과 물리학에 정통했기 때문이다. 이성과 논리가 지배하는 세상에서 직관의 가능성을 활짝 열어둘 필요가 있다.

직관 전문가인 로라 데이(Laura Day)는《직관의 테크닉》이라는 책에서 직관력의 계발을 위해 마음 열기(opening), 알아차리기(noticing), 가상하기(pretending), 신뢰하기(trusting), 보고하기(reporting), 해석하기(interpreting), 종합하기(integrating)의 7단계 과정을 제안한다. 그녀는 특히 직관력을 해방시키기 위해 바로 지금 이순간 자신이 느끼는 것을 그대로 쉬지 않고 보고하는 연습을 지속하라고 조언한다. 운동이나 다른 많은 기술과 마찬가지로 직관을 계발하는 유일한 방법은 그것을 사용하는 것이다.

고객 : 부하 육성이 중요하다고 하지만, 도저히 짬을 낼 수 없어요. 윗선에서는 늘 즉각적인 결과만을 요구하는데. 팀원들과 일대일 시간을 갖는다고 걔들이 변하나요? 요즘 젊은 친구들이 어떤 사람들인데. 다 자기 하고 싶은 대로만 해요. 소용없는 일이에요. 그럴 여유도 없고. 이런 상황에서 부하를 육성하라며 팀장들만 괴롭히는 게 도대체 말이 안 되죠.

코치 : 혹시 팀장님이 무언가 피하고 계시는 것은 아닌가 하는 생각이 드는데요. 진짜로 부딪히고 싶지 않은 것이 있다면 무엇인지 궁금하네요.

개입 Intruding

코치로서 그룹 코칭을 진행할 때 그룹의 역동성과 방향을 유지하기 위해 적극적으로 끼어들어 '개입'을 해야 할 경우가 있다. 물론 코치는 고객 내부의 잠재력과 문제 해결 능력을 믿는 사람이므로 고객의 흐름에 끼어드는 것이 매우 불편할 수 있다. 하지만 고객의 진정한 성장을 위해 코치는 자신의 불편을 극복하고 용기를 내어 고객과 대면할 필요가 있다. 예를 들어 그룹 코칭을 시작하며 함께 근황을 공유하는 자리에서 한 그룹원이 자신의 신변잡사에 대해 너무 길게 이야기하고 있다고 하자. 정해진 시간이 초과되고 다른 그룹원들의 표정에서 지루함이 보이고 있지만, 그 그룹원은 혼자 신이 나서 이야기를 계속한다. 이런 경우 코치는 이야기에 끼어들어 "잠깐만요. B이사님, 지난 주말에 정말 재미난 일이 많으셨네요. 그 경험에서 배운 것을 한 줄로 요약해주시면 좋겠네요"와 같이 개입할 수 있다.

이와 반대로 너무 말을 하지 않거나 지나치게 소극적인 그룹원도 있다. 일부 그룹원의 침묵이 전체 그룹의 역동성을 해치게 되는 경우에 코치는 참여를 강요하지 않는 태도로 부드럽게 초대할 수 있다.

"아, 그 주제는 K팀장님 전공이네요. K팀장님께서 어떻게 생각하고 계신지 궁금합니다."

연신 남의 탓을 하며 대화의 주제가 여기가 아닌 다른 곳으로 돌려져 그룹 코칭이 비생산적으로 흐르는 경우도 있다. 이런 경우 코치는 말하는 사람의 욕구와 의도를 인정하며 대화의 초점을 '지금 여기'로 가져와야 한다.

"J 팀장님께서는 사장님의 변하지 않는 태도가 참 안타까우신 것 같습니다. 리더의 역할이 정말 중요하죠. 그럼 우리가 팀장으로서, 우리 팀의 리더로서 할 수 있는 일이 무엇인가 얘기해보면 어떨까요?"

코치로서 개입하는 것은 거북하고 힘든 일이지만, 생산적인 그룹 코칭 경험을 위해 꼭 필요한 일이다. 적절한 개입은 그룹원이 자신의 행동이 그룹에 어떤 영향을 미치고 있는지 돌아볼 수 있게 하고, 인간관계에서 더 생산적인 행동을 배울 수 있도록 돕는다. 주변의 다른 그룹원들도 코치를 모델링함으로써 상대를 존중하면서도 개입할 수 있는 관계의 기술을 배울 수 있다.

GROW 모델

코칭의 성과를 효과적으로 이끌어내는 데는 '그로우(GROW) 코칭 모델'이 매우 유용하다. GROW 모델이란 목표 설정(Goal), 현실 파악 (Reality), 대안 창출(Option), 실행 의지(Will)의 영문 첫 글자를 딴 프로세스 모델 명칭이다.

코칭은 현재의 상태에서 고객이 원하는 미래의 상태로 나아갈 수 있도록 돕는다는 신념에서 시작한 것이다. 고객을 코칭할 때 그 이슈가 이상적으로 이루어진 상태를 그려보고 그에 대한 현실적인 장단기 목표를 마련하면 고객이 보다 창의적인 결과를 스스로 만들어낼 수 있다. 또 실행 계획을 세우고 다짐하게 할 수 있다. GROW 모델에 따른 질문 프로세스는 고객의 사고력을 향상시켜 스스로 깨우치고 행동하게 하는 간단하면서도 강력한 과정이다.

목표(Goal) 설정 단계에서는 원하는 결과가 무엇인가, 도착하는 지점이 어디인가 등 미래에 대한 명확한 비전과 그것이 갖는 의미 파악을 통하여 합의된 결과를 만들어내는 것이 중요하다. 이때 유용한 질문의 예로는 "무엇에 대하여 이야기하고 싶은가?", "가장 시급하고 중요한 과제 이슈는 무엇인가?", "어떻게 되기를 바라는가?", "가장 이상적인 모습은 무엇인가?", "이것이 당신에게 어떤 의미가 있는가?" 등이다.

현실 파악(Reality) 단계에서는 무엇보다 고객에 대한 경청이 가장 중요하다. 현재 상황은 어떻고, 어떤 일이 벌어지고 있으며, 목표와 현재 간의 차이는 얼마나 되는지, 고객이 그렇게 느끼는 원인은 무엇인지, 어떤 가정과 믿음을 가지고 있는지를 파악해야 한다. 이를 확인하기 위한 유용한 질문의 예로는 "그 일이 해결되지 않으면 또는 해결되면 어떤 영향과 유익한 점이 있는가?", "무엇 때문에 이 문제가 일어나는가?", "더 깊은 원인은 무엇인가?", "이를 해결하기 위해 지금까지는 어떤 노력을 해왔는가?" 등이다.

대안 창출(Option) 단계에서는 브레인스토밍을 해서 계속 아이디어를 내도록 격려한다. 그리고 기존의 틀을 벗어나 상자 밖에서 창의적으로 사고하도록 해서 선택을 하게 한다. 이것을 종합한 후 우선순위를 정하도록 한다. 이때 유용한 질문의 예는 "이를 바꾸기 위해 무엇을 할 수 있을까?", "다른 대안이 있다면 어떤 방법이 있을까?", "그중 어떤 방법이 더 효과적일까?", "부럽거나 따라 하고 싶은 사례는 어떤 것이 있는가?", "누구에게 도움을 받을 수 있는가?" 등이다.

실행 의지(Will) 단계에서는 구체적인 실행 계획을 세우고 예상되는 장애 요소와 극복 방안을 찾으며, 실행에 대한 합의를 하고 의지를 밝히게 하고, 마지막에 코칭을 통해 배운 것들을 정리하게 한다. 이때 유용한 질문들의 예는 "이번 주, 이번 달에 해야 할 일은 무엇인가?", "예상되는 장애물은 무엇인가?", "그것을 어떻게 극복할 것인가?", "언제쯤 중간 점검을 해볼 수 있는가?" 등이다.

피드백 Feedback

피드백은 의사 전달의 한 형태로서 구체적인 문제들을 다루고 확실한 내용을 포함하며, 그 이후의 행동 또는 개선 방향을 보여주는 것이다. 피드백은 학습과 성과 향상, 행동의 결과는 물론이고 행동 과정에 대해서도 필요하다.

피드백은 고객이 마음을 가다듬고 생각을 정리하여 문제를 해결할 수 있는 자각을 갖게 한다. 또한 자신의 성과에 대한 부담과 책임감을 느끼게 한다. 이뿐만이 아니다. 성과와 발전을 가져온 긍정적인 요소를 확인하여 성과에 대한 격려와 방향의 재조정, 앞으로 더 잘할 수 있도록 하는 동기 부여, 다른 목표나 행동에 대한 자신감 형성, 그리고 성과 부진이나 중요한 실수에 대해 공감을 가지고 이를 극복하도록 하는 생산적인 변화를 기대할 수 있다. 그래서 코치는 피드백을 통해 학습을 촉진하고 성과 향상을 확인하며 결과에 대해 정확하게 설명해야 한다. 고객도 이에 대해 피드백을 할 수 있다.

코치는 먼저 고객에게 피드백을 제공하는 이유가 무엇인지, 그리고 피드백이 왜 중요한지를 설명한다. 유념할 것은 단번에 너무 많은 부분을 변화시키려고 하지 말고, 가능한 한 긍정적인 피드백을 통해 고객 자신이 잘하고 있는 것을 인식하고 계속하게 하며, 구체적이면서도 현실적으로, 미루지 말고 즉각적으로 하라는 것이다. 또한 성품이나 태도, 성격이 아닌 고객의 행동에 초점을 맞추고, 코치의 판단이 들어가는 표현은 자제해야 한다.

피드백을 하는 동안에는 고객이 가장 중요하게 생각하는 부분에 집중한다. 몰입도와 효율성을 높임으로써 보다 만족스러운 결과를 낼 수 있다. 또 고객의 행동의 결과가 타인 또는 조직 전체에 어떤 영향을 미쳤는지에 대해서도 설명해주면 좋다. 마지막으로 피드백이 얼마나 효과적으로 전달되었는지, 코치의 이야기를 얼마나 정확하게 이해했는지를 점검한다.

효과적인 피드백을 위해서는 다음의 6가지 프로세스를 따라야 한다. 첫째, 물리적 환경은 물론 정서적 환경과 시간을 고려해야 한다. 둘째, 분명하고 구체적인 피드백 주제를 정해야 한다. 셋째, 질문과 경청을 통해 상황 및 상대방의 관점을 파악하는 것이 중요하다. 넷째, 관찰 결과에 대해 구체적인 피드백을 준다. 다섯째, 시한이 명시된 구체적인 실행 계획을 세운다. 마지막으로 점검 날짜를 정하고 다짐을 나눈다.

'칭찬은 고래도 춤추게 한다'는 말이 있다. 칭찬은 또 다른 형태의 긍정적인 피드백으로, 고객의 삶에 변화를 가져오게 만든다. 그러나 칭찬에는 정확한 근거와 진실이 포함되어야 하며 모두가 납득할 만한 명분과 이유가 있어야 한다. 또 칭찬을 통한 긍정적인 피드백을 할 경우 칭찬을 받는 사람이 다른 사람의 의견에 대한 의존도가 높아져 자율성을 해칠 수 있으므로 주의해야 한다. 그리고 삶의 모든 측면에서 지속적으로 발전하기 위해서는 가능한 한 코치가 아닌 고객이 자신의 내면에서 수준 높고 적절한 피드백을 스스로에게 해주는 것이 필수적이다.

요청 Requesting

코치가 고객에게 직접적으로 할 일을 말해주거나 조언하면 무시되거나 잊혀질 수 있지만, 코칭을 하면서 관찰한 내용이나 자신의 경험을 이야기하면 고객에게 문제 해결의 실마리를 제공할 수 있다. 이때는 다음과 같이 양해를 구하거나 '요청'을 하면 된다.

"저의 경험이 당신에게 도움이 될지도 모릅니다. 가치가 있을지도 모르니 이야기해드릴까요?"

또는 고객에게 직접 요청할 수도 있다.

"다음 약속 전까지 충분히 생각할 시간을 갖고, 당신이 문제 해결을 하기 위해 다음 단계에 어떤 조치를 취할 수 있을지 쭉 적어보시기를 요청합니다."

이런 요청을 받은 고객은 동의하거나 거부하거나 수정을 가하게 되는데, 코치는 어떤 반응이든 받아들일 수 있으며, 고객이 요청에 동의하면 바로 다음 코칭 시간에 요청의 결과를 놓고 이야기할 수 있을 것이다.

요청은 중요한 코칭의 기술로, 고객이 새롭게 무언가를 하게 한다. 이를 통해 고객은 실행력을 높이고 통찰력을 깊게 할 수 있다.

도전 Challenging

'도전'은 고객이 자신의 목표를 확장하고 장애물을 극복하도록 격려하는 것이다. 그리고 목표를 성취하도록 행동 계획을 만들고 성과 향상을 위해 노력하도록 촉구하는 것이다. 다시 말해서 고객을 안전지대에서 벗어나게 하여 새로운 행동으로 이동하게 하는 것이다.

도전에는 다양한 형태가 있다. 모순을 지적하거나, 개인에게 더 높이 도달하도록 요구하거나, 새로운 전망을 원하거나, 규범을 유지하도록 하거나, 어떤 사람을 모델로 제시하여 도전의식을 불러일으킬 수 있다. 어떤 형태의 것이든 그것은 미래를 향해 나아가야 하며, 서서히 시작해서 점점 발전시켜가는 것이 생산적이다.

지금보다 나은 미래의 상태를 그리는 사람의 도전을 '긍정적 도전'이라고 한다. 긍정적 도전은 고객뿐만 아니라 고객과 함께 멋진 미래로 가는 동반자로서 코치에게도 도움을 준다.

사례

고객 : 제가 원하는 것은 카리스마 있는 리더의 모습이에요. 직원들이 혹시라도 상처받을까봐 제가 미리 양보하고 배려하는 편인데, 그게 좋지만은 않더라고요.

코치 : 네, 좀 더 카리스마 있는 모습을 원하시는군요. 그러면 지금 저와 한번 연습해보면 어떨까요? 제가 직원이라고 생각하고 가장 카리스마 있는 모습으로 행동해보시죠.

고객 : 아휴, 제가 어떻게 그렇게 합니까?

코치 : 괜찮습니다. 여기서 저를 통해 경험해보면 확실히 효과가 있을 겁니다.

코치의 격려에 고객은 전혀 해보지 않은 행동에 도전했고, 카리스마 있는 모습이 어떤 것인지를 체감할 수 있었다.

직면 Facing

'직면'은 고객이 자신을 정직하게 평가할 수 있게 도와주고 고객의 반응에 대해 더 이야기할 수 있게 하는 것이다. 고객이 자신의 대인관계 방식이나 생활 형태를 바로 보고 생각할 수 있는 기회를 주어 변화로 이끄는 기술이다.

간혹 코치가 고객의 감정을 상하게 하거나, 잘못하거나, 보복을 초래할 수 있다는 두려움 때문에 직면하기를 꺼리는 경우가 있는데, 잘못된 것이다. 코치는 문제되는 고객의 행동에 대해 구체적으로 이의를 제기할 수 있어야 하며, 자신이 느낀 점을 고객과 공유해야 한다. 예를 들어 고객이 활력이 없고 피상적인 이야기만 한다면, 지금 코칭이 어떻게 진행되고 있다고 보는지 말하게 하거나, 변화를 원하는지 그렇지 않은지 결정하도록 촉구할 수도 있어야 한다.

바람직한 직면을 위해서는 고객이 그 이유와 필요성을 충분히 느끼도록 해야 한다. 방법은 코치가 직접 설명하는 것보다 고객 자신이 직면을 통해 어떤 영향을 받았는지 이야기하게 하는 것이 좋다. 그러면 고객이 방어적 태도를 덜 가질 수 있다. 또한 직면은 구체적이고 가시적인 행동에 초점이 맞추어져야 하며, 고객이 반응하거나 행동하기 전에 숙고할 기회를 제공해야 한다. 그래야 고객이 대안적인 관점을 갖게 할 수 있다.

직면은 유익하고 강력한 도구이지만, 잘못 사용할 위험성도 있다. 고객의 사적인 영역을 침범하는 개입, 정도를 벗어난 지나친 요구, 고객이 감당하기 힘든 밀어붙이기로 부정적인 결과를 초래할 수 있으므로 주의해야 한다.

재구성 Reframing

'재구성'이란 고객에게 다른 시각을 제공하는 것을 말한다. 이를 위해 코치는 고객이 처한 상황을 다른 방식으로 해석한다. 예를 들어 고객으로부터 경쟁이 치열한 전문가 모임의 회장 선거에서 2등으로 아깝게 떨어졌다는 이야기를 들었다고 하자. 당연히 당선될 것으로 기대했던 고객은 이만저만 실망한 것이 아니다. 심지어 자신의 전문성이나 리더십까지 의심할 정도로 위축되어 있다. 이때 코치는 상황을 어떻게 재구성할 수 있을까? "그토록 경쟁이 심한 선거에서 2등을 했다는 것은 당신의 전문성과 리더십이 상당한 수준이라는 사실을 보여주는 것입니다"라고 말할 수 있다.

이와 같은 코치의 재구성은 특히 그룹 코칭에서 효력을 발휘한다. 그룹원들이 서로 자극을 주면서 생산적인 이야기들을 나눌 때는 상관없지만, 이야기 내용이 주제를 벗어나거나 자꾸 겉도는 모습을 보이면 코치가 적절하게 재구성해줌으로써 긍정적인 방향으로 갈 수 있게 해야 한다.

목표 설정 Goal Setting

목표 설정은 이전의 모든 단계들을 고려하여 실제 목표를 정하는 것이다. 목표를 정할 때는 조건을 붙이지 말고 자유롭게 하여 고객의 자발적 참여와 달성 의욕을 높이도록 한다.

최우선 과제는 어떤 목표가 적합하고 최우선의 목표가 되어야 하는지 결정하는 것이다. 이때 비전의 도움을 받을 수 있다. 비전에 비추어 목표의 우선순위를 정하면 된다. 비전은 또한 목표에 대해 주인의식을 갖게 해준다.

목표를 단순화시키는 작업도 필요하다. 이것은 목표를 확인하기 쉽고 달성하기 좋게 만들어준다. 목표는 약간 크게 잡는 것이 낫다. 큰 목표는 강한 동기를 부여하고 도약 가능성을 높여준다.

목표에는 다음과 같은 유형이 있다. 첫째는 내면적 목표다. 마음가짐이나 태도의 변화, 정신적 성장, 가치관 확립 등이 그 예다. 둘째는 외형적 목표다. 생활과 직결된 목표로 더 나은 직업, 매출 신장, 더 많은 저축 등과 같은 물질적 욕망의 대상을 소유하고자 한다. 셋째는 기술적 목표다. 커뮤니케이션, 인관관계, 의사결정, 문제 해결처럼 더 좋은 것을 하도록 도와주는 목표다.

코치는 다음과 같은 역할로 고객의 목표 설정을 지원한다.

• 고객과 함께 수집한 정보들을 종합적으로 정리해서 학습과 개발이 필요한 부분이나 관심사항을 실천하기 위한 코칭 계획과 목표를 정

한다.

- 달성 가능하고, 측정 가능하고, 구체적이며, 기한이 정해진 결과를 얻기 위한 실행 계획을 수립한다.
- 코칭 과정에서 충분한 이유가 드러나거나 상황이 달라지면 계획을 수정한다.
- 고객이 학습에 필요한 자원(책이나 전문가)을 찾을 수 있도록 도와준다.
- 고객에게 조기 성공이라고 할 수 있는 것을 확인하고, 그것을 목표로 삼는다.

목표 설정에 도움이 되는 제안과 지침

- 고객이 다음의 질문들에 대해 정직하게 '예'라고 대답할 수 있는지 보라.

이 목표는 개인과 기업이 추구하는 방향과 일치하는가?

이 목표는 합당한 이유를 가지고 정한 것인가?

이 목표는 현재의 욕구와 욕망을 확실하게 충족시킬 수 있는가?

이 목표는 달성 가능한가?

이 목표는 충분히 큰가?

이 목표와 관련한 비전을 가지고 있는가?

이 목표는 최우선 목표인가?

• 목표를 말하면서 가능하면 직접 써볼 것을 요청하라. 고객과 코치 모두 목표에 대한 인식을 강화할 수 있다.

• 정해진 목표가 애초의 계획과 부합하는가? 만일 맞지 않다면 고객이 재설계할 수 있도록 도와주어라.

사례

코치 : 업무 성과를 향상시키기 위해서는 구성원들과의 열린 소통이 반드시 필요하다고 말씀하셨습니다. 이를 실현하기 위해 '경청하기'를 목표로 잡으셨는데, 현재의 수준과 원하는 수준을 말씀해보시죠.

고객 A : 저의 현재 수준은 말하기가 80%이고 듣기가 20%인데, 1개월 후에는 말하기 20%, 듣기 80% 수준으로 향상시키고자 합니다.

고객 B : 저도 비슷한 목표 설정이 필요하다고 생각합니다.

코치 : 열린 소통을 위해 '경청하기'가 최우선 목표라고 생각하십니까? 또 지금 말씀하신 목표가 달성 가능하다고 보십니까?

고객 A, B : 예. 구성원들의 이야기에 먼저 귀를 기울여야 신뢰가 형성되니까 경청하기가 최우선이라고 생각합니다. 목표가 도전적이라고 생각되지만, 힘써 노력해보겠습니다.

브레인스토밍 Brainstorming

이 기술은 코치가 고객과 함께 자유롭게 아이디어를 활성화하여 발상을 찾아내는 것이다. 아이디어가 많이 나올수록 우수한 발상을 얻을 가능성도 높아진다. 유연한 사고를 위해 제기되는 아이디어에 대한 비판은 일절 금한다. 실현 가능성이 없거나 엉뚱한 아이디어라도 환영한다. 다른 아이디어에 덧붙여 새로운 아이디어를 만들어내도 좋다. 코치는 브레인스토밍 시간에 그룹원들의 아이디어 제기를 독려하고, 최선의 선택을 돕는다.

사례

그룹원 A : 뻔한 팀 회식에서 벗어나고 싶어요. 대화를 나눈다고 하지만 재미있거나 기억에 남을 만한 이야기를 하는 것도 아니에요.

그룹원 B : 시간이 조금 지나면 자기들끼리 술 마시고 각자 얘기하다 헤어져요.

그룹원 C : 술이 대화를 방해하는 것은 아닌가 싶어서 무알콜 행사도 해봤어요. 영화를 보기도 하고요. 그런데 그런다고 의미 있는 대화가 이루어지는 것도 아니더라고요.

그룹원 D : 팀 회식이 의미 있는 소통의 날이 됐으면 좋겠는데, 정말 방법이 없어요.

코치 : 의미 있는 대화를 원한다는 말씀이죠? 어떤 대안이 있을 수 있는지 함께 찾아볼까요? 번갈아가면서 아이디어를 내보죠. 설명은 생략하고 그냥 아이디어만 말하시면 됩니다. 아이디어에 대한 평가는 하지 않습니다. 그럼 저부터 시작하겠습니다. 대화가 진솔해지도록 목욕탕에서 만난다. (웃음)

그룹원 A : 한 테이블에 둘러앉을 수 있는 인원수로 모임을 만든다.

그룹원 B : 모두가 관심 있는 주제를 선정한다.

그룹원 C : 리더는 질문한 후 듣기만 한다.

그룹원 D : 끝내는 시간을 미리 정하고 시작한다.

(그룹원 1인당 2~3개의 아이디어를 말하게 한다.)

코치 : 브레인스토밍을 통해 무엇을 배우셨나요?

실행 계획 수립 Planning

실행 계획은 그 자체만으로 고객에게 동기를 부여하고, 문제 발생의 소지를 줄여주며, 목표 달성에 걸리는 시간을 단축시킨다. 따라서 철저히 목표에 초점을 맞추고 다양한 가능성들을 고려하여 계획을 수립해야 한다.

실행 계획을 수립할 때 반드시 지켜야 할 원칙이 있다. '스마트(SMART)하게' 하는 것이다. 먼저, 구체적(Specific)으로 내용이 명시되어야 한다. 실행에 옮겨야 할 일과 그 이유, 관련자, 장소, 제약 조건, 필요 자원 등을 정확히 표시해야 한다. 둘째, 달성 수준을 확인할 수 있도록 측정 가능(Measurable)하게 표기해야 한다. 목표 대비 달성 정도를 측정할 수 있는 기준치를 제시한다. 셋째, 현실적으로 달성 가능(Attainable)한 합리적인 계획이어야 한다. 넷째, 자신의 목표 달성과 관련이 있어야(Relevant) 한다. 마지막으로 완료 시한(Time-bound)을 명확히 설정해야 한다.

실행 계획 수립을 위한 코칭 질문

- 고객의 실행 계획 수립을 도와준다.

  목표 달성을 위해 무엇을 해야 합니까?

- 실행 계획 수립을 안내한다.

  먼저 무엇을 해야 하겠습니까?

  그 외에 목표 달성을 위해 어떤 방법이 있겠습니까?

  이것은 어떤 효과가 있겠습니까?

  이 방법의 장단점은 무엇입니까?

- 큰 프로젝트를 실행 가능한 작은 업무로 나누는 것을 도와준다.

  기한을 맞출 수 있겠습니까?

  이것을 작은 업무로 나누면 도움이 되겠습니까?

- 고객의 행동 효과를 확인한다. 다른 사람과 어느 부분에서 역할이 중복되는지를 확인하고, 해당 업무가 조직 내에서 어떤 위상을 가지는지 이야기한다.

  당신의 행동은 어떤 팀/사람에게 영향을 미칩니까?

  당신의 행동이 최종 결과에 어떤 기여를 하게 될까요?

  이 행동은 목표를 달성하는 데 어떤 역할을 할 것 같습니까?

  당신은 누구와 이야기를 하면 좋을까요?

- 무엇을 언제까지 완수할지 목표 날짜를 정하도록 안내한다.

  목표 날짜를 언제로 잡겠습니까?

  이번 주에 해야 할 가장 중요한 일은 무엇입니까?

추가적으로 누가 더 참여할 수 있습니까?

- 일정표를 만든다. 업무 완수에 소요되는 시간을 정확하게 측정하도록 도와준다.

계획을 너무 많이 또는 적게 잡으면 어떤 문제점이 생길 수 있습니까?

어떤 일정표를 예상하고 있습니까?

사례

코치 : 지금까지 팀장님들께서 제안하신 여러 대안들 중에서 '경청하기'를 효과적으로 실행할 수 있도록 각자의 계획을 SMART하게 기술해서 전체적으로 공유하는 시간을 갖도록 하겠습니다. A 팀장님부터 말씀해주시겠습니까?

A 팀장 : 저는 2주 동안 구성원들과의 모든 업무 수행에서 무조건 '말하기 20%, 듣기 80%'를 실천하도록 하겠습니다.

B 팀장 : 저는 구성원들과의 대화에서 '말 자르지 않기'를 실천하면서 체크리스트를 만들어 실천 여부를 하나하나 체크해보도록 하겠습니다.

코치 : 좋습니다. 그러면 2주 후 실행 여부를 함께 공유하면서 자기만족도 평가를 해보도록 하겠습니다. 구성원들은 팀장님들의 입을 보지 않고 발(행위)을 보고 있다는 사실을 잊지 마시기 바랍니다.

책임지게 하기 Accountability

목표가 설정되고 계획이 수립되었다면 그다음 단계는 실행이다. 그런데 고객이 계획을 수립하고 나서 실제로는 실행하지 않는다면 어떻게 할 것인가? 여기에 고객의 실행을 도와줄 수 있는 몇 가지 방법을 소개한다. 요점은 고객이 중요한 것에 주의를 집중하게 하고, 자기 행동에 '책임'을 지도록 돕는 것이다.

- 고객 스스로 설정한 목표를 향해 나아가도록 행동해줄 것을 분명하게 요구한다.
- 지난 코칭에서 약속했던 행동에 대해 질문하고 진행 상황을 점검한다.
- 코칭에서 깨달은 것을 고객과 함께 정리하고 검토한다.
- 고객이 코칭 계획과 목표, 합의된 행동 경로, 그리고 앞으로의 코칭 주제에 주의를 기울이게 함으로써 약속대로 실행하게 한다.
- 코칭 계획에 초점을 맞추되 코칭 중에 일어나는 방향 전환에 따라 태도와 행동을 수정한다.
- 고객의 자기 규율을 촉진하고 그의 약속, 의도된 행동의 결과, 시한이 정해진 구체적 계획에 대해 책임지게 한다.
- 결정을 내리고, 핵심 관심사를 다루고, 자신을 계발할 수 있는 고객의 능력을 키워준다.
- 고객이 약속된 행동을 하지 않았을 때는 그 사실을 긍정적인 방식

으로 깨우쳐준다.

자기 성찰 Self Reflection

자기 성찰은 세션 마무리 단계에서 토의를 통해 그룹원 각자가 배우고 성찰한 것과 그것의 적용에 대한 생각을 정리하는 것이다. 코치는 3가지의 자기 성찰 질문이 적힌 양식을 미리 준비한다.

- 무엇을 배웠는가?(key learning)
- 무엇을 성찰했는가?(reflection)
- 오늘의 배움과 성찰을 바탕으로 어떤 행동을 시도하겠는가?(action plan)

코치는 그룹원들에게 3~5분 정도의 시간을 주고 각자 양식을 기록하게 한 후 돌아가면서 내용을 밝히게 하거나 세션 직후 이메일로 공유하게 한다. 자기 성찰의 시간을 갖고 이를 서로 나누면 목표가 확실해지고 상호 학습이 활발히 일어나는 효과를 볼 수 있다.

구조화 Structures

'구조화'는 일상에 바쁜 그룹원들이 바람직한 행동을 상기할 수 있게 도와주는 장치를 마련하는 것이다. 실행 계획이 수립되면 이를 하나의 습관으로 만들기 위한 구조화 아이디어로 구체화하는 것이 좋다. 예를 들어 인정 칭찬을 하겠다는 고객에게는 '하루에 한 가지씩 인정하고 이를 탁상 달력에 기록하기'와 같이 실행사항을 정해줄 수 있다.

코칭에서는 그룹원들의 실습 과제가 구조화의 과정이 되기도 한다. 직원 면담 계획표나 행동 체크리스트 같은 양식 만들기, 피드백 프로세스를 컴퓨터 모니터에 붙여두기, 아침에 15분간 일일 계획 세우기, 회의에 지참할 3분짜리 모래시계 준비하기, 부하직원에게 정기적으로 피드백해줄 것을 부탁하고 일정 정하기, 코칭의 목표를 공표하고 자신에 대한 관찰 요청하기, 마음을 가라앉힐 때 들을 만한 음악 준비하기, 언제든 감사 표현을 할 수 있게 작은 선물 준비하기 따위가 모두 구조화 과정이 될 수 있다. 코치는 그룹원들이 구조화 과정을 즐기고 완수할 수 있도록 돕는다.

행동규칙 Ground Rules

그룹 코칭을 시작할 때 그룹원들이 다 같이 동의해서 설정한 '행동규칙(그라운드 룰)'은 코칭의 목표를 성공적으로 달성하는 데 근간이 된다. 예를 들면 100% 출석하기, 제시간에 참석하기, 적극적으로 공유하기, 비밀 유지하기, 상호 지지하기, 과제 충실히 수행하기 등이다.

코치는 몇 차례에 걸쳐 지속적으로 행동규칙을 알려주어 그룹원들이 잘 숙지하도록 만든다. 그런 가운데 코칭이 모두의 공동 책임하에 이뤄질 수 있도록 해야 한다. 예를 들어 적극적 공유가 안 되는 경우에는 행동규칙을 다시 한 번 상기시키면서 그룹원들이 어떤 상태에 있는지 돌아보게 한다. "우리는 지금 충분한 공유를 하고 있습니까? 너무 피상적으로 접근하고 있는 것은 아닐까요?"라는 질문을 통해 그룹원들이 스스로 생각하고 깨달아갈 수 있게 도와준다.

코치가 최소한의 개입으로 그룹을 자율운영할 수 있는 장치가 바로 행동규칙의 설정과 강화다. 행동규칙을 통해서 코치가 코칭을 끌고 나가는 게 아니라 그룹원들이 자체적으로 진행해갈 수 있도록 해야 한다.

저항과 갈등에 대처하기 Dealing with Resistance

그룹 코칭을 하다 보면 개별적이거나 집단적인 '갈등 또는 저항'을 만날 수 있다. 하지만 이러한 것들은 그룹의 성장에 반드시 필요한 과정이고, 생산적 작업을 위한 좋은 자료라고 할 수 있다. 저항은 공격, 방어적 태도, 지각, 결석, 침묵, 회피, 독점 등의 형태로 나타난다. 코치는 그룹 코칭의 생산성이 낮은 이유가 이러한 저항 때문인지 관찰하고, 만약 그렇다면 적절하게 대처해야 한다.

코치는 저항을 존중하고 중요하게 다루어 생산적으로 이끌어가도록 한다. 저항을 존중한다는 것은 코치가 그것을 수용하고 인정하는 것이다. 코치는 해당 그룹원의 모습을 그대로 비춰주고, 그 안에 숨은 욕구를 읽어주며, 현재의 상태가 우리 그룹에 어떤 영향을 미치고 있는지 볼 수 있도록 해준다. 참고로 《대가에게 배우는 집단상담》(권경인, 김창대)에 나오는 사례의 일부를 소개한다.

그룹원 A : (팔짱을 끼고 상체를 뒤로 젖힌 채로 앉아 대화에 참여하지 않고 있다.)

코치 : A 팀장님은 지금 팔짱을 끼고 뒤로 앉아서 한참 동안을 아무 말도 안 하고 계시네요. 혹시 우리 그룹 코칭이 별로 바람직하지 않은 방향으로 가고 있다고 생각하시나요?

그룹원 A : (자리를 고쳐 앉으며) 말씀하시니 얘기하는데, 사실 그래요. 지금 우리가 하는 얘기가 과연 얼마나 도움이 될지 모르겠네요.

코치 : 솔직히 말씀해주셔서 감사합니다. 그럼 A팀장님께서 우리 그룹 코칭에서 기대하시는 것은 무엇인지 좀 더 얘기해주시면 좋겠어요.

연결 Connecting

'연결'은 한 그룹원의 말과 행동을 다른 그룹원의 관심과 이어주고 관련 짓는 것으로, 그룹 코칭의 역동성을 불러일으킬 수 있는 중요 기술이다. 비슷한 상황에 놓여 있거나 동일한 관심을 갖고 있는 그룹원끼리 상호 연결되도록 함으로써 공감대를 형성하고 보다 깊은 수준의 이야기를 공유하도록 촉진한다. 이러한 연결을 통해 개인은 자신이 가진 문제가 혼자만의 것이 아니라 보편적이라는 사실을 깨닫고 안심하게 되며, 동질감을 느낀 그룹의 연대감은 더욱 단단해진다.

그룹원 A : 요새 제조라인의 가동률이 떨어져서 문제입니다. 게다가 품질 문제까지 발생해서 스트레스가 이만저만이 아닙니다.

(그룹원 C가 A의 이야기를 들으며 걱정스러운 표정으로 고개를 끄덕이고 있다.)

코치 : C씨는 A씨의 말씀에 공감이 많이 되시는 것 같네요. 어떤 생각인지 나눠주시겠어요?

그룹원 C : 사실 저도 같은 고민이 있는데요….

시간 관리 Time Management

프로 스포츠에서 감독과 선수들은 어떻게 경기를 풀어갈 것인가에 대한 계획, 즉 게임 플랜(game plan)을 가지고 연습을 충분히 한 다음 실제 경기에 들어간다. 마찬가지로 그룹 코치 역시 코칭에 들어가기 전에 어떻게 세션을 이끌고 관리할 것인가에 대한 계획을 갖고 있다. 이 계획의 가장 큰 부분이 세션의 시간을 어떻게 사용할 것인가에 관한 것이다. 각각의 코칭 세션과 전체 코칭 프로세스의 2가지 차원에서 시간 관리 계획을 짠다.

세션의 시간 관리

그룹 코칭은 보통 2시간 동안 한 세션을 진행한다. 그리고 코치는 모든 세션에 공통적으로 적용되는 구조(structure)를 가지고 세션을 운영

한다. 대부분 다음의 표와 같은 형식을 갖는다.

첫 번째 세션에서 그룹원들에게 세션의 구조를 알려주고 다음 세션부터는 화이트보드나 이젤 등을 이용해서 잘 보이는 곳에 적어두도록 한다. 각각의 내용과 그에 걸리는 대략적인 시간을 알면 그룹원들은 자발적으로 시간을 조절하려고 노력한다. 세션 진행 중에 코치는 "이제 슬슬 이번 내용을 마무리하고 다음 내용으로 넘어갈까요?"와 같은 멘트로 시간 관리에 도움을 받을 수 있으며, 그룹원 중 한 명을 타임 키퍼로 지정하여 역할을 맡겨도 좋다.

세션의 구조

시간	내용	참고사항
00~10	아이스 브레이킹 / 근황 공유	의미 있는 경험을 중심으로 근황을 공유하여 그룹원의 긴장을 풀고 본격적인 코칭에 들어갈 준비를 한다.
10~30	지난 세션 리뷰 및 과제 점검	과제 수행 중에 있었던 도전과 보람 등을 얘기하면서 서로 인정하고 칭찬한다. 그 과정에서 겪은 어려움과 성공 스토리를 나누며 서로의 경험에서 배운다.
30~100	이번 세션 코칭 주제	첫 세션에서 정한 각 세션별 주제를 다룬다. 필요 시 그룹원들 중 한 사람이 코칭을 받고 싶은 구체적인 상황을 설명하고 그룹으로부터 코칭을 받는 핫 시트(Hot Seat) 코칭을 해도 좋다.
100~110	정리 시트 작성	각자 정리 시트에 기록한 후 내용을 공유한다.
110~115	다음 세션 과제	미리 준비한 과제 또는 세션 중에 나온 내용으로 과제를 결정한다.
115~120	마무리	인정과 축하 나누기

전체 코칭 프로세스의 시간 관리

그룹 코칭은 짧게는 5~6회, 보통은 9~10회에 걸쳐 행해진다. 따라서 코치는 초기에 해야 할 일과 코칭이 심화되는 중반에 해내야 할 일, 그리고 코칭을 마무리하며 할 일이 타이밍에 맞게 이루어지도록 효과적으로 이끌어야 한다. 그래야만 고객이 처음 세웠던 목표를 코칭이 끝날 때 달성할 수 있다.

코칭의 시간 관리는 재즈 연주처럼

음표 하나하나의 높이와 시간이 톱니바퀴처럼 맞물려 돌아가는 클래식 음악과 달리, 재즈에서는 연주자 자신과 협주자의 느낌에 따라 자유롭게 즉흥적으로 변주한다. 그런 의미에서 그룹 코칭은 재즈 연주를 닮았다. 코칭 계획이라는 기본 멜로디를 가지고 시작하지만, 그룹원들이 주고받는 이야기를 들으며 그때 흐르는 에너지에 따라 어떤 내용은 더

시작	그룹 코칭 진행	일대일 코칭	그룹 코칭	마무리
• 신뢰관계 (래포) 형성 • 그룹 코칭의 목표 설정 • 각 세션에서 다룰 주제 선정	• 일관된 구조에 따라 정해놓은 주제 및 그때그때 대두된 주제로 코칭	• 그룹원들 개개인에게 중요한 주제에 관해 1~2회 개인 코칭	• 일대일 코칭의 결과 그룹원들이 필요로 하는 것을 더 파악하고 코치와의 신뢰관계도 더 강해져서 그룹 코칭이 더 효과적으로 이루어지는 시기	• 처음에 세웠던 그룹 코칭 목표를 얼마큼 달성했는지 점검

짧게, 어떤 내용은 더 깊게 다루면서 함께 세션을 완성해가기 때문이다.

그룹 코칭에서는 코치가 계획에 맞추어 세션을 운영하되 그에 얽매이지 않고 상황과 분위기에 따라 융통성을 발휘할 줄 알아야 한다. 형식을 따르되 필요에 따라 자유로울 수 있는 것이 그룹 코칭 시간 관리의 핵심이다. 형식과 자유 사이에서의 밸런스가 그룹 코칭을 재즈 협주처럼 아름답게 만든다.

5

그룹 코칭의
현장을 가다

이 장에서는 지금까지 학습한 그룹 코칭 내용을 현장에서 어떻게 실행해야 할지 그 이미지를 그려보는 시간을 갖는다. 실제로 있었던 이야기를 바탕으로 재구성한 2가지 그룹 코칭 사례를 설명과 함께 소개한다.

첫 번째는 전문 코치가 부장급 팀장들을 대상으로 진행한 사례로 코치가 현장에서 실제로 어떻게 코칭을 진행하는지 보여준다.

두 번째는 영업팀장이 팀원들의 성과 향상을 위해 팀 미팅을 그룹 코칭 형태로 진행하는 모습이다.

리더십은 진화한다

글로벌 기업인 A사는 부장급 팀장을 대상으로 리더십 향상을 위한 그룹 코칭을 10회 시행하기로 했다. 참가자는 부서별로 각 1명씩, 총 6명이었다. 참가자들은 평소 서로 잘 알고 지내는 팀장, 잘 알지는 못하지만 같이 교육을 받은 팀장, 업무적으로 교류가 있어 어느 정도 알고 있는 팀장 등 다양한 관계들을 맺고 있었다.

그룹 코칭에 대한 고객사의 목적은 '팀장 리더십 향상'이라는 것 외에 코칭 주제와 관련한 특별한 가이드라인이 없었다.

참가자(가명)

이진영 부장(구매팀장)

윤형만 부장(영업팀장)

이재근 부장(생산팀장)

안준규 부장(IT팀장)

김기형 부장(재무팀장)

최재만 부장(관리팀장)

사전 단계

그룹 코칭 오리엔테이션 콜 안내메일 보내기

A사의 HRD 담당자가 코치에게 그룹 코칭에 참가하는 팀장들의 명단(연락처, 주관 업무, 이메일, 연락처 포함)과 1차 세션 일정(1월 25일 오전 10~12시)을 메일로 알려주었다. 코치는 참가자들 모두에게 그룹 코칭 1차 세션에 앞서 '사전 오리엔테이션 콜(Orientation Call)' 일정을 잡기 위한 메일을 아래와 같이 보냈다.

안녕하세요, 이진영 부장님.

저는 코칭경영원의 황영구 코치입니다.

이번 귀사의 '팀장 리더십 향상 프로그램'의 일환으로 진행되는 그룹 코칭에 팀장님과 함께하게 되어 진심으로 기쁘게 생각합니다.

팀장님은 리더로서 더 성과를 내고, 더 성장하고, 그리고 더 행복한 팀을 만들기 위해 많은 노력을 하고 계시리라 생각합니다. 이번에 진행하는 그룹 코칭을 통해 리더로서 방향성을 잡고 실천하시는 데 도움을 드릴 수 있기를 기대합니다.

본격적인 코칭 진행에 앞서 팀장님께 그룹 코칭에 대한 오리엔테이션을 드리고자 하는데, 시간은 약 20분가량 소요될 예정입니다. 1월 10일(화) 오전, 12일(목) 오후 2~6시, 그리고 13일(금) 오전 사이에 가능하신 시간대를 알려주시면 감사하겠습니다.

- 회신 요청사항
  오리엔테이션 콜이 가능한 시간 2~3개
- 오리엔테이션 콜의 목적
  코치 인사 및 그룹 코칭 소개

그럼 회신을 부탁드리며, 소중한 시간을 할애해주시는 만큼 의미 있는 시간이 되도록 최선을 다해 지원해드리겠습니다.

감사합니다.

코칭경영원 황영구 코치 드림

사전 오리엔테이션 콜 실시

코치는 6명의 참가자들을 대상으로 그룹 코칭에 대한 소개와 함께 래포 형성을 위한 일대일 오리엔테이션 콜을 실시했다. 1차 세션을 시작하기 약 1주일 전이었다.

이때 코치의 역할은 다음과 같다.

- 참가자와의 인사 및 코치 소개
- 코칭에 대한 간단한 소개
- 코칭에 대한 기대사항 확인
- 필요 시 추가적인 질문 및 참가자의 궁금증 해결

그룹 코칭 단계

1차 그룹 코칭 세션(1월 25일 오전 10~12시)

약속한 1월 25일이 되었다. 코치는 약속 시간 30분 전에 1차 세션 장소인 본사 미팅룸에 도착했다. 커피를 마시며 세션을 준비하고 있는 동안 참가자들이 한 사람 한 사람 들어왔다. 그렇게 인사를 나누는 사이 시간이 10시를 가리키고 있었다.

코치는 다음과 같은 순서로 1차 그룹 코칭 세션을 진행했다.

① 상호 인사

코치는 그룹원들이 서로 알고 지내는 사이이므로 근무부서와 성명을 말하고 자신의 특별 경험이나 특기 등을 짧게 소개하도록 했다. 각 그룹원의 자기소개가 끝날 때마다 다른 그룹원들이 칭찬을 해주도록 했고, 코치가 먼저 모범을 보였다.

② 그룹원들의 마음 열기

코치는 다음과 같은 질문으로 그룹원들이 편하게 이야기할 수 있는 분위기를 만들었다.

"요즘 리더로서 행복한 것은 무엇이고, 어려운 것은 무엇입니까?"

처음 한두 사람이 한두 마디 하니까 차츰 다른 그룹원들도 말하기 시작했다. 그런데 행복에 대한 이야기보다 어려운 것에 대한 이야기가 더 많았다.

③ 그룹 코칭 목표 정하기

코치는 그룹원들이 이야기를 충분히 나누기를 기다렸다가 다음과 같이 말했다.

"팀장님들이 많은 의견들을 나누어주셔서 감사합니다. 뒤에 보시면 사진이 약 30장 있습니다. 그중에서 가장 마음에 드는 사진을 한 장만 골라오십시오."

사진은 세션이 시작되기 전에 코치가 미리 펼쳐놓은 것이다. 팀장들이 사진을 고를 동안 코치는 조용한 클래식 음악을 들려준다.

"자, 다 고르셨네요. 그럼 지금 각자 고른 사진과 이번 그룹 코칭을 통해 되고 싶은 리더의 모습을 연결하여 옆에 있는 팀장님에게 설명해보세요. 상호 설명이 끝나면 다른 팀장님들과도 이야기를 나누십시오."

그룹원들이 이야기를 나누는 동안 코치는 조용한 음악을 틀어준다.

"모두 이야기를 나누셨네요. 자, 그럼 이번 그룹 코칭의 공동 목표를 정하도록 하겠습니다. 각자가 되고 싶은 리더의 모습과 동료들이 되고 싶어 하는 리더의 모습을 모두 포함하는 코칭 목표를 각자 책상 위에 있는 포스트잇에 써보시기 바랍니다."

"(잠시 후) 다 쓰셨어요? 그러면 각자 쓰신 포스트잇을 앞의 화이트보드에 붙이세요. 서로 같은 부분이 있고 다른 부분이 있을 겁니다. 여섯 분이 쓰신 것을 하나로 모아 공동의 목표를 정하고 하나의 문장으로 만들어보십시오. 모두가 참여하시면 더 좋습니다."

그룹원들이 열띤 토의를 거쳐 하나의 문장을 완성했다.

코칭 목표 : 열린 소통과 신뢰로 성과를 창출하는 리더가 되자!

④ 목표 달성을 위한 코칭 어젠다 정하기

"수고하셨습니다. 열린 소통과 신뢰로 성과를 창출하는 리더가 되기 위해 팀장님들께서 어떤 것을 개선하거나 향상시키면 좋을지를 포스트잇 한 장에 한 가지씩 써 보십시오. 한 분당 5개 이상 써주십시오."

코치는 그룹원들이 쓸 동안 잠시 기다렸다.

"다 쓰셨어요? 자, 그럼 각자 쓰신 것을 화이트보드에 붙이시고 같은 것들끼리 모아주세요. (잠시 후) 모두 12가지의 소주제가 나왔네요. 이제는 각자 빨간 펜을 들고 이 중에서 그룹의 코칭 목표를 달성하기 위해 꼭 다루었으면 하는 주제를 5개 골라주십시오."

곧이어 가장 많은 표를 받은 5개의 주제가 결정되었다.

"수고하셨습니다. 모든 분들이 선택한 것이 소통, 진정한 관심, 성과 향상, 팀워크, 그리고 인재 양성입니다. 우리의 코칭 목표를 달성하기 위해 이 5가지를 토의 주제로 삼아도 되겠습니까?"

이렇게 해서 코칭 주제를 결정하고 나서 코치가 어떤 순서로 토의하면 좋을지를 물었다.

"5개 주제 가운데 무엇부터 다루면 좋을까요? 모두 같이 의논하셔서 순서를 정해보시지요."

코치는 그룹원들이 스스로 결정할 수 있는 환경을 조성했다. 어느 주제를 먼저 하고 그다음에 무엇을 하면 좋을지 그룹원들이 서로의 의견을 나누었다. 코치는 아무 말도 하지 않고 옆에서 계속 지켜보았다. 10분 정도 지나자 의견이 좁혀지더니 일치된 결과가 나왔다.

"결론이 나온 것 같은데, 어떻게 결정되었습니까?"

"예. 모두가 소통, 진정한 관심, 인재 양성, 팀워크, 성과 향상, 이런 순서로 하는 것이 좋겠다는 의견입니다. 최재만 관리팀장이 합의된 사항을 정리해서 말했다.

"알겠습니다. 그러면 모두가 합의한 순서대로 진행하겠습니다. 그리고 앞으로 코칭 세션을 진행하는 동안 그때그때 다루었으면 하는 주제가 있으면 언제든 말씀해주세요. 다른 팀장님들께서 동의하시면 그 주제로 세션을 진행할 수도 있다는 점을 미리 말씀 드립니다."

이렇게 해서 코칭 어젠다 정하기가 마무리되었다.

⑤ 그룹 코칭 팀명, 팀구호, 그리고 그라운드 룰 정하기

"그룹이 하나로 뭉치려면 팀명과 구호가 있는 것이 좋습니다. 그리고 서로가 꼭 지켜야 할 그라운드 룰도 있어야 합니다."

코치는 앞서 코칭 어젠다 정하기와 비슷한 방식으로 팀명과 팀구호, 그리고 그라운드 룰을 정할 수 있도록 했다. 그룹원들이 자율적인 토의를 거쳐 결과를 내놓았다.

팀명 : 눈치코치팀

팀 구호 : 빠른 눈치 일등 리더, 눈치코치 파이팅!

그라운드 룰 : 비밀 유지하기, 전원 출석하기, 주제 토의에 반드시 자기 의견 말하기, 한 사람이 독점하지 않기, 과제 수행하기, 말 끊지 않고 끝까지 듣기, 다른 사람의 의견을 비판하지 않기

"수고하셨습니다. 다 같이 구호 한번 외쳐볼까요?"

코치의 말에 영업팀의 윤 팀장이 대답했다.

"네, 그렇게 하죠. 근데 어떻게 하죠?"

그러고는 그룹원들과 의논을 하더니 제스처와 함께 구호를 외쳤다.

"빠~~른~~~~눈치, 일등 리~~~더, 눈치코치 눈치코치 화이팅!"

⑥ 일정 및 역할 분담하기

"이제 앞으로 9회의 그룹 코칭을 진행하는데, 오늘 먼저 6회까지의 일정을 정하고, 7회부터 10회까지의 일정은 4회를 마치고 정하면 좋을 것 같은데, 어떻습니까?"

그룹원들이 코치의 의견에 동의했다.

"그리고 세션마다 팀장님들께서 돌아가면서 2가지 역할을 해주셔야

하는데, 진행자와 서기입니다. 진행자의 역할은 미팅룸을 예약하고, 그룹원들이 빠지지 않고 참석할 수 있도록 일정을 일깨워주시고, 세션에 필요한 문구류를 준비하고, 세션 중에 그룹원들이 마실 수 있는 간단한 음료와 간식을 준비해주시는 것입니다. 그리고 서기는 세션마다 코칭 일지를 작성하여 그룹원들과 공유하는 것입니다. 진행자와 서기는 누구나 한두 번씩은 해야 하는데, 제가 순서대로 정해도 되겠습니까?"

이번에도 그룹원들이 코치의 의견에 동의했다. 코치는 먼저 그룹원들과 함께 6회까지의 코칭 일정을 결정하고, 진행자와 서기는 순서대로 배치했다.

일정	2회차 (02/08)	3회차 (02/22)	4회차 (03/07)	5회차 (03/21)	6회차 (04/04)
진행	이진영	윤형만	이재근	안준규	김기형
서기	최재만	김기형	안준규	이재근	윤형만

그리고 혹시 있을지 모르는 일정 변경에 따른 원칙을 제안했다.

"팀장님들, 세션을 진행하다 보면 불가피하게 업무 스케줄과 세션 일정이 겹치는 경우가 간혹 발생합니다. 그럴 때는 일정을 변경해야 하는 분이 모든 참석자들(코치 포함)과 협의하여 재조정하는 것이 어떻겠습니까? 예를 들어 3회차가 12월 12일인데 김기형 팀장님이 도저히 빠질 수 없는 일이 생겼다면, 다른 모든 팀장님들과 연락을 취하시고 3회차 일정을 변경하는 것입니다. 당연히 미팅룸도 포함해서요. 그룹 코칭은 모두가 참석하는 것이 가장 효과적이기 때문입니다. 어떠십니까?”

코치의 제안에 그룹원들은 조금은 불편해하는 기색이 있었지만, 코칭의 효과를 극대화하는 방법이라는 말에 공감한 듯 찬성한다고 말했다.

⑦ 2차 세션을 위한 과제 선정하기

2차 세션에서 다루어야 할 주제가 소통이므로 코치는 사전 준비 차원에서 간편 행동유형 검사를 실시했다(소요 시간 5분). 검사 후 사람의 유형에 주도형, 사교형, 안정형, 신중형이 있다는 것을 알려주고 과제를 선정했다.

“팀장님들, 아시다시피 다음 2차 세션의 주제는 소통입니다. 그래서 이런 과제를 드리고자 합니다. 인터넷에서 위의 4가지 행동유형에 대해 찾아보시고 A4용지 한 장 이내로 각 유형의 특징을 조사하여 다음 주 수요일까지 메일로 제게 보내주십시오. 그리고 각 행동유형과 팀원들을 연결해서 생각해보시고, 그들과 어떻게 소통하면 더 효과적일지 고민해보고 오십시오.”

⑧ 1차 세션 정리 시트 작성 및 공유

코치는 첫 세션을 마치면서 그룹원들에게 정리 시트를 작성하게 했다. 다음 과제와 관련해서는 4가지 행동유형에 관한 것을 공통 과제로, 개인적으로 더하고 싶은 것이 있으면 개별 과제로 작성하게 했다. 잠시 후 코치가 말했다.

“다 작성하신 것 같은데, 한 분씩 짧게 발표를 부탁드립니다.”

이번에는 이재근 팀장이 먼저 말했다.

"제가 먼저 말씀드리겠습니다. 오늘 첫 그룹 코칭에 참가하여 팀을 구성하고 목표를 정하는 과정에서 팀 빌딩의 중요성을 배웠습니다. 함께 토의해서 결정하고, 그 속에서 서로 마음을 열고 주도적으로 참여하는 것의 진정한 의미를 알게 되었습니다. 또한 다른 팀장님들이 하시는 말씀을 들으면서 제가 고민하는 것들이 혼자만의 것이 아니라는 생각에 위로를 받은 느낌이었습니다. 성과를 내는 리더가 되기 위해 자신을 되돌아보는 시간을 꼭 가져야겠다는 생각도 했습니다."

이재근 팀장의 발표에 모든 그룹원들이 인정과 칭찬을 보냈고, 다른 그룹원들의 발표가 이어졌다.

⑨ 1차 세션 마무리

코치는 다음 세션의 일정과 역할에 대해 그룹원들과 공유하고 세션을 마쳤다.

"첫 세션인데, 적극적으로 참여해주셔서 감사합니다. 2차 세션은 2월 8일 수요일 오전 10시입니다. 진행은 이진영 팀장님, 서기는 최재만 팀장님입니다. 오늘 그룹 코칭 일지는 제가 작성해서 메일로 공유하도록 하겠습니다. 팀장님들께서는 오늘 작성하신 1차 세션 정리 시트를 메일로 저에게 보내주시기 바랍니다. 혹시 지금 우리가 서로 공유해야 할 사항이 있으면 말씀해주십시오."

잠시 후 코치가 말했다.

"없으신 것 같은데, 그럼 이상으로 마치겠습니다. 수고하셨습니다."

눈치코칭팀 그룹 코칭 일지(1차)

코칭 대상	이진영/윤형만/이재근/안준규/ 김기형/최재만 팀장님	담당 코치	황영구
일시	2012. 01. 25	시간	15:00~17:00
장소	A사 본사 미팅룸	방법	면대면

지난 과제 점검	
세션 주제	그룹 코칭 팀 빌딩
세션 내용	1. 상호 인사 2. 토의 : 리더로서 행복한 것은 무엇이고, 어려운 것은 무엇입니까? 3. 코칭 목표 : 열린 소통과 신뢰로 성과를 창출하는 리더가 되자 4. 코칭 어젠다 정하기 : 소통, 진정한 관심, 성과 향상, 팀워크, 인재 양성 5. 그룹명 정하기 : 눈치코치 6. 팀 구호 : 빠른 눈치, 일등 리더, 눈치코치 화이팅!! 7. Ground Rules : 비밀 유지 전원 출석하기 주제 토의에 반드시 자신의 의견 말하기 한 사람이 독점하지 않기 과제 수행하기 다른 사람의 말 끊고 끼어들지 않고 끝까지 듣기 다른 사람의 의견을 비난하거나 비평하지 않기 8. 일정 및 역할 분담

일정	02/08(2차)	02/22(3차)	03/07(4차)	03/21(5차)	04/04(6차)
진행	이진영	윤형만	이재근	안준규	김기형
서기	최재만	김기형	안준규	이재근	윤형만

9. 2차 세션 과정 선정하기
10. 1차 세션 정리 시트 작성 및 공유

학습과 성찰	팀장들의 장점을 배울 수 있는 좋은 기회가 될 것으로 기대된다 혼자 고민하고 실천하지 못한 것들을 이번 계기로 정립하는 기회가 될 것이다 그룹 코칭을 통해 리더로서의 자질을 점진적으로 성장시켜야겠다는 반성의 계기가 되었다.
코치 의견	자신이 되고 싶은 리더가 되기 위해 많은 노력을 하고 있는 팀장들이 서로의 고민을 나누고, 공동의 목표를 세우고 함께하려는 에너지에 참가자 모두가 환한 미소로 기대를 갖게 되었다. 앞으로 세션이 진행될수록 참가자 서로가 서로에게 긍정적인 영향을 줄 것으로 기대된다.
과제	1. 행동유형(Disc)의 주도형/사교형/안정형/신중형의 특징 리포트 제출(A4 1매) 2. 팀원의 행동유형 읽기와 팀원과의 효과적 소통법 정리
다음 세션 (일정/장소)	02월 08일, 10:00~12:00, 장소 추후 결정 진행 : 이진영 팀장님, 서기 : 최재만 팀장님

⑩ 1차 그룹 코칭 일지

코치는 그날 저녁 집으로 돌아와 1차 그룹 코칭(세션) 일지를 작성해서 그룹원들에게 보냈다.

2차 그룹 코칭 세션

1차 세션으로부터 2주일 후에 2차 세션이 열렸다. 코치는 미리 가서 준비하며 그룹원들을 맞았고, 밝은 분위기로 세션을 시작했다.

① 상호 인사

"잘 지내셨어요? 2주 동안 있었던 행복한 뉴스를 서로 나누었으면 합니다. 어떤 좋은 소식이 있었는지 말씀해주시겠어요?"

코치는 인사를 하고 굿 뉴스 나누기를 시작했다.

"안녕하세요. 저는 지난 주말에 와이프하고 오랜만에 데이트를 했습니다. 애들은 남겨두고 둘이서 설악산에 1박 2일 다녀왔는데, 속초에서 회도 먹고 즐거운 시간을 가졌습니다."

먼저 최재만 팀장이 만면에 미소를 띄우며 자랑스럽게 이야기했다.

"최팀장님 정말 아내를 사랑하시네요. 말씀하시는 내내 얼굴에 미소가 가득했습니다."

코치가 먼저 최 팀장을 인정해주었다.

"최 팀장님, 원래 애처가인줄은 알았지만, 아직도 데이트 시절처럼 사시는 모습을 보니 부럽습니다. 사모님도 굉장한 미인이라고 들었는데, 정말 보기 좋습니다."

최 팀장 옆에 앉아 있던 이재근 팀장이 칭찬해주었다. 다른 팀장들도 모두가 한마디씩 칭찬을 했다. 코치는 계속해서 다른 그룹원들에게도 굿 뉴스를 이야기하게 하고, 인정과 칭찬을 하는 분위기를 만들었다. 그룹의 분위기가 초반의 서먹서먹한 분위기에서 점차 밝고 즐겁게 바뀌어 갔다.

훈훈한 분위기 속에서 굿 뉴스를 나눈 후 코치는 지난 세션 과제 점검 및 공유의 단계로 넘어갔다.

② 지난 과제 점검 및 공유

"지난번에 하기로 했던 과제는 모든 분들이 잘해주셨습니다. 그리고 4가지 행동유형과 팀원을 연결해보고 팀원과 어떻게 소통할 것인가를 고민해보시라고 했는데, 어떻게 하셨는지 말씀해보시겠습니까?"

코치는 과제 실행을 통해 배운 것을 서로 나눌 수 있도록 했다. IT팀장인 안준규 팀장이 말했다.

"제가 먼저 말하겠습니다. 4가지 행동유형에 대해 정리하는 과제를 하면서 저의 유형도 알게 되었습니다. 그리고 팀원들 중에 저하고 대화가 잘 통하는 팀원이 있고 그렇지 않은 팀원이 있는데, 그 차이를 이해하게 되었습니다. 잘 통하는 팀원은 저하고 같은 신중형이고, 잘 안 통하는 팀원은 사교형이더군요. 그동안 저도 짜증이 났지만, 사교형인 팀원도 힘들었겠구나 하는 생각을 했습니다.

그래서 신중형이 어떻게 하면 사교형하고 좀 더 대화를 잘할 수 있을까 고민해보고 며칠 전에 대화할 때 방법을 조금 바꾸어서 해봤는데,

효과가 있었습니다. 그 팀원이 말한 것을 비판하면서 듣지 않고, 말의 핵심을 요약하고 전후 맥락을 들으려고 하면서 대화하니까 얼굴이 밝아지던데요. 과제를 하면서 팀원들의 행동유형을 모두 알아보고 그에 맞게 대화법을 조금 바꾸면 좋겠다는 생각을 했습니다."

안준규 팀장의 말이 끝나자마자, 그룹원들이 "실행력이 대단하시네요", "팀원을 생각하는 마음이 참 넓으시네요", "말씀하시면서 환하게 웃는 얼굴을 보면서 스스로 참 뿌듯하네요" 등 다양한 칭찬과 인정을 해주었다.

이번에는 옆에 앉아 있던 영업팀의 윤형만 팀장이 말했다.

"저도 과제를 하면서 안 팀장님처럼 4가지 행동유형에 대해 이해하면서 이것을 업무적으로 적용하면 도움이 되겠다는 생각을 했습니다. 그중에서도 모든 유형의 공통적인 욕구에 대한 내용이 큰 도움이 되었습니다.

저희 팀에 영업을 아주 잘하는 팀원이 있는데, 사실 저는 마음에 들지 않았습니다. 회의를 할 때 너무 나서는 바람에 제가 팀장인지 팀원인지 혼동될 때가 있었거든요. 그런데 그런 행동이 저를 무시하는 것이 아니라는 점을 이해하게 되었습니다. 그래서 며칠 전에 일대일 면담을 하면서 팀원의 비전을 놓고 제가 어떻게 도와주면 좋을지 이야기하면서 피드백을 주었는데, 다음 날 회의에서는 나설 때와 안 나설 때를 구분해서 행동했습니다. 앞으로도 팀원을 이해하는 데 행동유형을 더 많이 적용해보려고 합니다."

윤 팀장의 말이 끝나자 역시 다른 그룹원들의 인정과 칭찬이 이어졌다. 이렇게 해서 모두가 과제를 수행하면서 느끼고 배운 점을 공유했다.

③ 주제 토의

"네, 모든 분들이 과제를 열심히 하시고 배운 점을 공유해주셔서 감사드립니다. 공유를 통해서 팀장님들 서로에게 많은 배움이 있었을 것입니다.

그러면 오늘 주제인 소통에 대해 토의를 진행하도록 하겠습니다. 팀에서 팀원들 상호 간에 소통이 잘되면 어떤 일이 일어납니까?"

코치가 오늘의 코칭 주제인 소통에 대해서 토의를 유도하는 질문을 했다.

"소통이 잘되면 팀의 분위기가 좋아집니다."

"성과가 향상되고, 업무에 실수가 줄어들고, 서로 협조가 잘됩니다."

"매출이 늘어납니다. 그리고 싸울 일이 줄어듭니다."

"시간이 단축됩니다. 효율적으로 일하게 됩니다."

그룹원들이 저마다 소통이 잘되는 것의 효과에 대해 한마디씩 했다.

"지금 안고 있는 소통의 어려움은 어떤 것이 있습니까?"

코치가 소통의 현재 상태를 점검하는 질문을 했다.

"팀원들이 보고를 자주 안 합니다. 그래서 답답합니다."

코치가 이에 대해 패러프레이징(다시 말하기)을 했다.

"짜증도 나고 화도 나시네요. 다른 분은 어떻습니까?"

"업무에 대해 설명을 할 때 잘 알아듣지 못해서 답답합니다. 이해하지 못했으면 그렇다고 말을 해야 하는데, 말도 잘 안 합니다. 그러고는 나중에 엉뚱한 결과를 가져오기도 합니다."

코치는 이해와 공감을 표하는 패러프레이징을 하고 계속해서 다른 의견을 들었다. 그리고 의견이 충분히 나왔다고 생각될 즈음 관점을 전환하는 질문을 했다.

"팀장님, 스스로에 대해서는 어떤 점이 소통을 어렵게 한다고 생각하십니까?"

그룹원들이 코치의 질문에 대해 자신의 의견을 말했다.

"말할 때 제가 전달하고자 하는 내용이 제대로 정리되어 있지 않음을 느낍니다. 그런 점이 소통을 어렵게 하는 것 같습니다."

"내가 하고 싶은 말을 생각하느라 팀원의 말을 끝까지 듣지 않는 것 같아요."

"내가 좋아하는 팀원과 대화할 때와 싫어하는 팀원과 대화할 때가 너무 다른 것 같아요."

이때 코치가 추가 질문을 던졌다.

"좋아하는 팀원이나 싫어하는 팀원과 대화할 때 다르다고 하셨는데, 구체적으로 무엇이 다른지 좀 더 자세히 말씀해주시겠어요?"

"그러면 안 되는데, 좋아하는 팀원하고 대화할 때는 잘 들으려고 하고, 팀원의 의견에 긍정적으로 반응하며 맞장구도 잘 치는데, 싫어하는 팀원하고 대화할 때는 잘 듣지도 않으면서 뭐라고 반박할까 궁리하고, 의견을 말하면 비판부터 하려고 합니다. 그러다보니까 팀원도 대화하기 싫어하는 같아요."

코치가 그룹원의 말을 정리했다.

"좋아하는 팀원하고는 이해하면서 들으려고 노력하지만, 싫어하는 팀원하고는 방어하거나 반박하려고 했다는 말씀이네요. 또 다른 의견도 부탁드립니다."

그룹원들이 자신의 소통 방식에 대해 많은 이야기를 꺼냈다. 소통을 어렵게 하는 것이 상당 부분 자신으로부터 비롯되는 것 같다고 여기는 듯했다. 이어서 코치가 소통을 가로막는 요소들을 정리하여 설명하고, 해결 방안을 탐색하는 질문을 했다.

"지금까지 소통의 현상과 어려움에 대해서 많은 의견을 나누었는데, 이제 어떻게 하면 소통을 더 잘할 수 있을까요? 생각나는 대로 한번 말씀해주세요."

그룹원들이 다양한 방법을 제시했다.

"경청을 잘해야 합니다. 팀원이 무슨 말을 하는지 집중해서 들어야 합니다."

"선입관을 내려놓고 대화해야 합니다. 선입관이 경청을 방해합니다."

"팀원이 말하는 스타일이 나와 다르다고 비난하지 말고 들으려고 해야 합니다."

"말할 때 팀원이 이해 못할 수도 있다고 생각하고 좀 더 자세히 말하려고 노력해야 합니다."

그룹원들이 많은 해결 방안을 내놓았다. 코치는 그룹원들이 말한 20가지가 넘는 내용을 핵심 키워드를 중심으로 옆에 있는 화이트보드에 나열했다.

"화이트보드에 써놓은 방안들 중에서 자신이 실행에 옮겨보고자 하는 것을 각자 5개씩 선택해보세요."

코치는 그룹원들이 실행 방안을 선택하는 동안 잠시 기다렸다.

"자, 5개를 모두 선택하셨지요? 그럼 옆에 있는 분과 서로 마주 보십시오. 그리고 다음의 순서로 이야기를 나누는 겁니다. 선택한 실행사항은 무엇인지, 실행을 통해 기대되는 것은 무엇인지, 각각의 실행에 장애가 되는 것은 무엇인지 말씀을 나누시면 됩니다. 자, 시작하십시오."

코치는 두 사람씩 짝을 지어 대화하는 모습을 지켜보다가 끝나가는 것을 확인하고 주제 토의를 마무리하기 시작했다. 미리 준비한 2차 세션 정리 시트를 나누어주고 작성하게 했다. 그리고 구체적 실행 부분에 대해서는 앞에서 선택한 5개 가운데 1개든, 2개든, 5개든 다시 골라서 작성하라는 가이드를 제시했다.

④ 2차 세션 정리 시트 작성, 공유 및 공통 과제 선정

코치는 2차 세션을 마치면서 정리 시트를 작성하게 했다.

"다 작성하신 것 같은데, 작성하신 것에 대해 한 분씩 간략한 발표를 부탁드립니다."

이번에는 김기형 팀장이 먼저 말했다.

"제가 먼저 말씀 드리겠습니다. 소통을 잘하는 것이 리더십 발휘의 기본이라는 것을 배웠습니다. 그리고 소통이 잘 안 되는 주된 원인이 다른 사람한테 있다고 생각해왔는데, 정작 소통을 방해하고 있었던 것은 저 자신의 생각과 판단이라는 생각을 갖게 되었습니다.

앞으로는 먼저 팀원을 사랑하는 마음을 갖도록 노력하겠습니다. 그리

고 말을 중간에 끊지 않고 끝까지 듣겠습니다. 제가 말하는 동안 코치님께서 계속 패러프레이징을 해주시던데, 기분이 참 좋았습니다. 저도 코치님처럼 팀원의 말이 끝나면 패러프레이징을 하도록 하겠습니다."

김 팀장의 발표에 다른 그룹원들이 인정과 칭찬을 보냈고, 계속해서 발표와 칭찬이 있었다. 그룹원들의 발표가 끝난 후 코치는 공통 과제를 선정하기 위해 그룹원들에게 질문을 했다.

"소통과 관련하여 구체적인 실행사항을 말씀해주셨는데, 다음 세션까지 우리 모두가 실천하면 소통에 도움이 될 공통 과제를 선정했으면 합니다. 어떤 것이 좋을까요?"

"소통에서 가장 중요한 것은 듣기, 경청인 것 같습니다. 제 생각에는 팀원들의 말을 잘 경청하는 노력을 모두가 해보고, 다음 세션에서 경청을 주제로 한 번 더 토의하는 것이 어떨까 합니다."

이재근 팀장이 조심스럽게 말했다. 곧이어 다음 세션의 진행을 맡기로 한 윤형만 팀장이 같은 의견을 말하자, 다른 팀장들도 좋다는 의견을 표시했다.

"네, 모든 분들이 같은 의견이니, 팀원의 말을 끝까지 잘 듣고 팀원의 말을 패러프레이징하는 것으로 공통 과제를 정하겠습니다. 그리고 경청이 잘될 때 자신이 어떻게 하고 있는지, 경청이 잘 안 될 때는 어떻게 하고 있는지 자신을 관찰하고 다음 세션에서 토의하면 어떻겠습니까?"

코치는 그룹원들의 의견을 반영하여 공통 과제를 선정했다.

⑤ 2차 세션 마무리

코치는 다음 세션의 일정과 역할에 대해 공유하고 세션을 마쳤다.

"오늘 두 번째 세션에 적극적으로 참여해주셔서 감사합니다. 3차 세션은 2월 22일 수요일 오전 10시입니다. 진행은 윤형만 팀장님, 서기는 김기형 팀장님입니다. 오늘 세션 일지는 이진영 팀장님이 작성해서 메일로 공유해주시기를 부탁드리겠습니다. 그리고 모든 팀장님들은 2차 세션 정리 시트를 다시 작성하셔서 메일로 저에게 보내주시기 바랍니다. 혹시 서로 공유해야 할 사항이 더 있으면 말씀해주십시오. … 없으신 것 같은데, 그럼 이상으로 마치겠습니다. 수고하셨습니다."

3~9차 그룹 코칭 세션

3차에서 9차 그룹 코칭 세션은 주제와 토의 내용은 다르지만 진행 과정은 대체로 유사하게 진행되었다.

① 상호 인사

굿 뉴스 또는 재미있는 유머 나누기로 마음의 문을 연다.

② 지난 과제 점검 및 공유

과제 점검을 통해 그룹원들의 실행력을 향상시키고 실행 경험을 공유함으로써 그룹원들이 서로서로 배울 수 있는 기회를 갖는다.

③ 주제 토의

- 주제에 대해 원하는 상태는 어떤 것인가?
- 주제에 대해 현재 상태는 어떠한가?
- 주제에 대해 원하는 상태가 되기 위한 해결 방법은 무엇이 있는가?
- 주제에 대해 구체적으로 실행할 것은 무엇인가?

④ 세션 정리 시트 작성 및 공통 과제 선정

- 주제 토의를 통해 배운 것, 느낀 것, 실천할 것을 시트에 작성하고 발표하게 한다
- 공통 과제 또는 각자의 과제를 선정하게 한다

⑤ 세션 마무리

- 다음 일정과 역할 공유
- 기타 그룹원들이 공유할 사항 공지

10차 그룹 코칭 세션

드디어 마지막 세션이다. 이 세션은 그동안 배운 것, 변화한 것을 정리하고 상호 인정과 축하를 나누는 의미 있는 장이다. 또한 그룹 코칭이 끝난 이후에 어떻게 실천을 계속해나갈지를 정하고, 동기를 부여하는 시간을 갖는다.

① 상호 인사

"잘 지내셨어요? 오늘이 마지막 세션입니다. 참 많이 아쉽다는 생각이
듭니다. 아쉬운 만큼 마지막 시간이 가장 유익한 시간이 되었으면 합니
다. 먼저 2주 동안 있었던 행복한 뉴스를 서로 나누었으면 합니다. 어떤
좋은 소식이 있었는지 말씀해주시겠어요?"

코치는 인사를 하고 굿 뉴스 나누기를 시작했다.

"안녕하세요. 저는 지난 주말에 와이프하고 아들 면회를 갔습니다. 3
개월 전에 입대해서 훈련받고 자대에 배치되었는데, 강원도 인제에서 근
무하고 있습니다. 아들이 입대 전에는 까칠했는데, 이젠 말하는 한마디
한마디가 어른스러워졌다고 할까, 믿음직스러워져서 기분이 참 좋았습
니다."

윤형만 팀장이 먼저 얼굴에 미소를 지으며 군인이 된 아들 면회 이야
기를 하다가 잠깐 눈시울을 붉혔다.

"윤 팀장님, 정말 아들의 변한 모습이 자랑스러우신가봐요. 군에서
잘 지내고 있는 아들이 얼마나 고맙고 믿음직스러우면 눈시울을 붉히실
까요."

맞은편에 앉아 있던 이진영 팀장이 윤 팀장을 인정해주었다. 이렇게
모든 그룹원이 지난 2주 동안에 있었던 각자의 굿 뉴스를 모두 나누고
나서 지난 과제 점검 및 공유의 단계로 넘어갔다.

② 지난 과제 점검 및 공유

"지난번에 하기로 했던 공통 과제는 진정한 관심 갖기였는데, 실천하

시면서 어떠셨는지 말씀해주시겠습니까?"

코치는 과제 실행을 통해 배운 것을 서로 공유할 수 있게 했다. 생산팀의 이재근 팀장이 말했다.

"제가 먼저 말하겠습니다. 지난번 세션에서 코치님이 주신 양식을 토대로 팀원 한 명 한 명을 떠올리며 작성하다보니까, 팀장인 제가 팀원에 대해 아는 것이 너무 없다는 사실을 알게 되어 너무 미안한 생각이 들었습니다. 그래서 아는 대로 작성하고 나서 팀원들 한 사람 한 사람과 함께 점심을 먹고 커피를 마시는 시간을 가졌습니다. 개인적인 근황과 회사에서의 어려움, 하고 싶은 업무, 갖고 있는 비전, 팀장이 도와주기를 바라는 것 등을 묻고 이야기를 나누면서 팀원들에 대해 많이 알게 되었습니다. 그러고 나서 생각도 좀 바뀌었습니다. 팀원들이 동생 같다는 생각이 들고, 더 많이 이해하고 도와주고 싶어졌습니다. 우리가 이제까지 다루어왔던 주제들이 모두 연결되어 있다는 것을 알게 되었고, 무엇이건 쉽게 생각하면 안 되고 모두가 함께 나아갈 때 팀원들이 행복하고, 팀장이 행복하고, 회사도 행복할 수 있겠다는 생각이 들었습니다."

이재근 팀장의 말이 끝나자 마자 여기저기서 그룹원들의 인정과 칭찬이 쏟아졌다. 이어서 다른 그룹원들도 한 사람씩 실행 소감을 공유해나갔다.

③ 그룹 코칭 마무리

과제 점검과 공유가 끝나고 코치가 그룹 코칭 전 과정을 마감하는 마무리를 시작했다. 코치가 9차 세션 마지막에 특별히 부여한 사전 과제를 통해 마무리에 들어갔다.

- 그룹 코칭을 통해서 인식이 바뀐 것은 무엇인가?
- 그룹 코칭을 통해서 행동이 바뀐 것은 무엇인가?
- 그룹 코칭이 끝난 후에도 지속적으로 실천할 것은 무엇인가?
- 그룹 코칭이 끝난 후에도 자신에게 항상 메시지를 줄 수 있는 구조물은 무엇으로 할 것이며, 그것이 의미하는 것은 무엇인가?

코치는 한 사람씩 발표할 수 있는 기회를 제공했다. 이진영 팀장이 제일 먼저 이야기를 꺼냈다.

"인식이 바뀐 부분은 소통이 얼마나 중요한지를 새삼 절감하고, 저의 생각과 고집, 주장이 소통을 방해하는 가장 큰 장애물이라는 점을 깨닫게 되었다는 것입니다. 소통을 위해서는 경청을 잘해야 하는데, 경청은 귀로 듣는 것이 아니라 입으로 듣는 것이라는 코치님의 말이 크게 와닿았습니다. 적극적으로 경청하고 내 생각을 내려놓으면 소통이 훨씬 잘된다는 것을 알게 되었습니다.

저의 행동에도 달라진 것이 있습니다. 저는 지난달부터 '말 적게 하기'를 실천해오고 있습니다. 팀 주간회의 때에도 거의 말을 하지 않거나 하더라도 5분 이내로 끝냅니다. 주로 듣습니다. 말을 안 하고 들으니까 들렸습니다. 팀원들이 어떤 뜻으로 저 말을 하는지 옛날에는 안 들렸는데 지금은 들립니다. 경청의 중요성을 실감하고 있습니다.

앞으로 지속하고 싶은 것은 지금 하고 있는 경청과 팀원의 마음을 이해하기 위한 노력입니다. 책을 많이 읽고 실천에 옮기려고 합니다. '리더는 자신이 일하는 것이 아니라 팀원으로써 일한다'는 말이 있습니다. 아무리 열심히 일해도 팀원이 일하지 않으면 리더는 성과를 내지 못합니다. 저는 이번 그룹 코칭을 통해 어떻게 하면 팀이 성과를 내고 팀원이 성장할 수 있는지 그 방법을 알게 되었습니다. 지속적으로 이 방법을 향상시켜 나가려고 합니다.

제가 오늘 준비한 구조물은 인공위성입니다. 위성은 지구 위를 빙빙 돌고 있습니다. 그냥 도는 것이 아니라 끊임없이 지구와 교신하며 돌고 있습니다. 저도 인공위성처럼 팀원들 주위에서 항상 지켜볼 것입니다. 가깝지도 않고 멀지도 않은 위치에서 적당한 거리를 유지하면서 말이지요. 그리고 팀원들이 도움을 요청할 때는 즉시 달려가서 도와줄 것입니다. 옛날처럼 지시하고 명령하는 것이 아니라 들어주고 지지하고, 필요할 때는 조언을 해주는 자세로 도와주려고 합니다."

이 팀장의 발표가 끝나자 우레와 같은 박수와 함께 인정하고 칭찬하는 그룹원들의 말이 이어졌다. 무려 10분간이나 계속되었고, 이후에도 한 사람 한 사람의 발표가 끝날 때마다 큰 박수와 칭찬이 뒤따랐다. 열띤 분위기 속에서 발표를 마치고, 코치는 코치로서의 보람을 표현하면서 한 가지 제안을 했다.

"팀장님들, 감사합니다. 그룹 코칭을 진행하는 동안 제게 많은 배움을 주셨습니다. 오늘로서 우리의 그룹 코칭은 끝나지만, 한 가지 제안을 드리고자 합니다. 앞으로도 한 달에 한 번 정도 만나셔서 서로 의견을 나누고 조언할 수 있는 자리를 지속적으로 가지시길 제안드립니다. 서로 믿고 도움을 주실 수 있는 분들이기에 정기적인 만남을 가지면 좋겠다는 생각입니다."

코치의 제안에 모든 그룹원들이 동의의 뜻을 표했다. 코치는 전체 코칭을 마무리하는 말을 마치고 그룹원들과 일일이 악수를 하면서 작별의 인사를 나누었다.

우리는 혼자가 아니야

팀원 문제를
해결하는
그룹 코칭

　다음의 사례는 회사에서 리더가 자신이 맡고 있는 팀의 성과를 높이기 위해 실적이 부진한 팀원의 어려움을 도와줄 목적으로 다른 팀원들과 함께하는 그룹 코칭의 현장을 보여준다. 코칭의 목표는 해당 팀원의 문제를 해결하는 것이지만, 이를 통해 전체 팀원들에게도 자극을 주어 시야를 넓히고 팀의 에너지를 끌어올리고자 한다. 다시 말해서 현상에 대한 공유와 이를 개선하기 위한 질문으로 다양한 아이디어를 도출해서 어려움을 겪고 있는 팀원을 돕는 동시에 다른 팀원들에게도 배움의 기회를 제공하는 것이 코칭의 최종 목표다.

　이런 형태의 코칭을 할 때는 무엇보다도 주제 선택에 신중을 기해야 한다. 당연한 이야기지만 '여러 명이 공유하기에 유의미한 것'이어야 하며, 개인적이거나 이해관계의 충돌을 일으킬 수 있는 주제는 피해야 한다. 특정 팀원의 업무 태도나 실수를 다루고자 할 경우에는 개인 코칭을 택하는 것이 낫다.

그러면 비즈니스 현장에서 행해지는 그룹 코칭 실전 사례를 GROW 모델을 바탕으로 재구성하여 소개하고, 긍정적인 효과에 대해 살펴보기로 하자.

삼국보험회사의 영업 1팀은 팀을 이끄는 리더 1명과 4명의 팀원으로 구성되어 있다. 해가 바뀌면서 새롭게 주어진 매출 목표를 달성하기 위해 모두들 심기일전하여 노력 중이다. 그러나 영업 실적이 계획한 대로 오르지 않으면서 모두가 초조한 상태에 있다. 제일 큰 문제는 실적이 저조한 팀원이다. 좋지 않은 그의 실적 탓에 영업 1팀 전체가 고전을 면치 못하고 있는 것이다.

이런 상황에서 리더는 실적이 부진한 팀원을 지원할 필요성을 느꼈고, 이와 함께 다른 팀원들에게도 동기부여를 해야겠다는 생각을 하게 되었다. 지금까지 주로 해왔던 일대일 면담에서 과감히 탈피하여 새롭게 배운 그룹 코칭 기법을 적용, 열린 소통을 통해 현재의 난국을 타개하려고 한다.

참가자(가명)

한백제(영업 1팀 리더)

박부여(영업 1팀 과장) : 독자적인 영업 방법을 개척해나가는 개성 있는 중견 팀원으로 영업 실적이 우수함.

강신라(영업 1팀 과장) : 평소 말수가 적고 내향적인 성격으로 팀원들 가운데 영업 실적이 가장 저조함.

정가야(영업 1팀 대리) : 약간의 허풍기가 있지만 사교적인 스타일로 업무 처리가 분명하고 냉철함을 겸비한 실적 우수 팀원.

최경주(영업 1팀 주임) : 패기와 열정이 넘치는 팀원으로 자신의 독특함을 무기로 영업 실적을 올리는 중.

주제 설정(Goal)

한백제 리더 : 이렇게 한 사람도 빠짐없이 참석해줘서 고맙습니다. 오늘 모인 목적은 이미 카톡으로도 전달드렸지만, 우리 팀이 처해 있는 난국을 타개하기 위해서입니다. 지금까지는 일대일 면담 위주의 피드백을 해왔지만, 오늘부터는 모두가 함께 머리를 맞대고 아이디어를 내는, 다시 말해서 집단지성을 활용하여 서로에게 도움을 줄 수 있는 방식을 사용해보고자 합니다. 지난주 제가 다녀온 외부교육이 그룹 코칭이었는데, 매우 효과적인 방법이란 걸 알게 되었습니다.

그룹 코칭을 시작하기에 앞서 2가지 부탁 말씀을 드립니다. 첫째, 여기서 이야기된 모든 내용은 철저히 비밀에 부쳐져야 합니다. 그래야만 안심하고 활발하게 논의할 수 있습니다. 둘째, 우리는 서로 지원하면서 성장하고 발전하는 하나의 공동체라는 의식을 가져야 합니다. 개인의 실적이 우수한 것도 중요하지만, 전체 팀의 실적이 좋아야 합니다. 그것이 개인과 팀이 함께 성장하는 길입니다.

일동 : 잘 알겠습니다.

한백제 리더 : 먼저 오늘 이야기할 주제를 정하고자 합니다. 강 과장, 이번 분기에 달성해야 할 목표가 어떻게 되죠?

강신라 과장 : (갑작스런 질문에 당황하면서) 예에? 그걸 공개해야 합니까?

한백제 리더 : 뭐 어때요. 어차피 모두가 알게 될 텐데요.

강신라 과장 : 1억 원입니다.

한백제 리더 : 그래요? 영업 목표를 상당히 도전적으로 설정했군요. 훌륭합니다. 그런데 지금까지의 실적은 얼마나 됩니까?

강신라 과장 : 나름대로 열심히 뛴다고 했는데, 뜻대로 풀리지 않아 아직 절반도 달성하지 못했습니다.

한백제 리더 : 금액으로 정확히 얼마나 되죠?

강신라 과장 : (다른 팀원들에게는 잘 들리지 않을 정도의 작은 목소리로) 3,000만 원 정도입니다.

(강신라 과장의 긴장된 모습을 보고 다른 팀원들도 내심 걱정하는 눈치다.)

한백제 리더 : 강 과장, 지금 어떤 전략으로 해나가고 있습니까?

강신라 과장 : 단골 유지에 힘을 쏟고 있습니다.

한백제 리더 : 단골 유지라, 좋습니다. 신규 고객을 확보하는 것도 중요하지만, 그에 못지않게 유지 관리도 잘해야 하니까 필요한 전략이라는 생각이 듭니다. 그런데 현재 상태로는 단골만 유지해서는 목표를 달성하기 어려울 것 같은데, 어때요?

강신라 과장 : 그렇습니다. 그래서 고민 중인데, 오늘 많은 도움을 받았으면 합니다. 어떻게든 신규 고객을 확보해야 하니까요.

한백제 리더 : 좋습니다. 그러면 오늘 주제를 강신라 과장이 고민하고 있는 '신규 고객 확보를 어떻게 할 것인가?'로 정할까 하는데 어떻습니까? 다른 분들 의견 있으세요?

일동 : 좋습니다.

리더가 그룹 코칭에 대한 소개와 함께 목표를 분명히 언급하고 있다. 그리고 지켜야 할 규칙을 언급하면서 참가자 전원이 적극적으로 동참할 수 있도록 열린 소통의 분위기를 만들고 있다. 리더가 그룹 코칭의 주제를 일방적으로 정하지 않고 팀원 전체의 동의를 구하고 있다는 점에 유의하자.

현실(Reality) 파악과 대안(Options) 찾기

한백제 리더 : 강 과장은 신규 고객 확보를 위해 어떤 방법을 사용하고 있습니까?

강신라 과장 : 사실 마땅한 아이디어가 없어 고민 중입니다.

한백제 리더 : 이 자리에서 생각나는 대로 5가지만 말해보세요.

강신라 과장 : 글쎄요. 먼저 단골을 상대로 신규 고객을 소개받는 방법이 있을 것 같습니다.

한백제 리더 : 좋은 생각이군요! 그렇게 하면 우리 상품에 대한 인지도를 바탕으로 신규 고객을 설득하기에도 수월할 것입니다. 계약으

로 연결될 가능성도 높아질 것이고요. 지금보다 소개를 더 많이 받도록 하면 좋겠군요. 그리고 또 어떤 방법이 있을까요?

강신라 과장 : 통일상공회의소에 다니는 직원들 명단을 구하려고 무진 애를 쓰고 있는데, 잘 안 됩니다.

한백제 리더 : 한 단체의 명단을 구해서 접근하는 방법도 좋네요. 그 외에 또 어떤 게 있을까요?

강신라 과장 : 여기까지가 한계입니다. 더 이상 아이디어가 떠오르질 않습니다.

한백제 리더 : 그래요? 그러면 신규 고객 개척에 대해 다른 분들의 이야기를 들어보면 어떨까요? 모두가 같은 고민을 하고 있을 텐데, 박 과장도 단골로부터 소개를 자주 받습니까?

박부여 과장 : 예, 그런 편입니다. 이런 이야기가 참고가 될지 모르겠습니다만, 저는 예전부터 알고 지내는 전대인이란 사장님과 자주 만나는 편입니다. 이분은 마당발로 유명하신데, 이분한테서 경영 기법을 배우는 제자분들을 소개받아 찾아다니고 있습니다.

한백제 리더 : 그래요? 제자라고 하면 구체적으로 어떤 사람들을 말하는 거죠?

박부여 과장 : 그러니까 전대인 사장님은 현직 대표이사 신분으로 '중국고전연구회'에 참여하고 계시는데, 그곳에서 경영에 대한 멘토 역할을 하고 있습니다. 그래서 연구회 멤버들 중 괜찮은 분을 소개해 주시면 제가 직접 찾아뵙고 고객으로 모시기 위해 노력합니다.

한백제 리더 : '영향력 있는 분'을 알고 있군요. 어떻게 알게 되었나

요?

박부여 과장 : 다른 사장님의 권유로 중국고전연구회에 우연히 참여하게 되었습니다.

한백제 리더 : 아니, 박 과장이 중국고전연구회에 참여하고 있다니 놀라운데요!

박부여 과장 : 그 당시에는 신규 고객을 확보하기 위해 동분서주하던 때라 배수의 진을 친 심정으로 찾아갔습니다. 결과적으로 보면 절실함에서 얻게 된 행운이라고 할까요?

한백제 리더 : 그래요, 역시 몸으로 부딪쳐보는 방법이 효과가 있군요. 강 과장, 어때요? 박 과장의 이야기를 들으니까.

(조용히 듣고 있던 강신라 과장의 표정에 도전해보겠다는 의지가 드러난다.)

강신라 과장 : 저도 그렇게 해봐야겠다는 생각이 들었습니다. 앞서 말씀드린 통일상공회의소 전무님이 어떤 모임을 맡고 있는데, 그 모임의 회장이라는 이야기를 들었습니다. 이참에 그 모임의 멤버로 참여하는 도전을 해보겠습니다.

한백제 리더 : 바로 벤치마킹을 하는 센스가 훌륭합니다! 우리 모두 강 과장의 도전정신에 큰 박수를 보내도록 할까요?

(그룹 코칭 참가자 전원이 큰 박수로 강신라 과장을 격려한다.)

한백제 리더 : 정 대리는 어때요? 혹 경험한 내용이나 제안할 게 있을까요?

정가야 대리 : 저는 우연한 기회에 서울 시내 투어버스를 타게 되었는데, 함께 시내 투어를 하고 있던 어떤 분과 명함을 주고받게 되었습

니다.

한백제 리더 : 그래요? 그래서 어떻게 되었나요?

정가야 대리 : 저는 평소에 모르는 분들과도 적극적으로 명함을 주고받으면서 대화하려고 노력하는 편입니다. 그날도 명함을 주고받은 분이 승리물산에 근무하는 분과 잘 아는 사이더군요. 그래서 소개를 받고 시간을 내서 승리물산을 찾아갔습니다.

한백제 리더 : 그래요? 승리물산이라고 하면 우리하고는 별 관계가 없는데….

정가야 대리 : 그렇습니다. 그런데 그분을 찾아갔더니 독도주식회사 담당자를 소개해주더군요. 그리고 운 좋게도 독도주식회사로부터 계약 의뢰를 받았지요.

한백제 리더 : 아, 그래요? 정 대리 고객리스트에 독도주식회사가 들어 있길래 궁금했는데, 그런 일이 있었군요. 그 경험을 통해 무엇을 배웠습니까?

정가야 대리 : 사람의 인연이란 정말 재미있구나 하는 생각이 들었습니다.

한백제 리더 : 그렇군요. 그 외에 배운 점은요?

정가야 대리 : 허탕 치는 셈 치고 한번 도전해볼 필요가 있구나 하고 생각했습니다.

한백제 리더 : 그렇습니다! 허탕을 치더라도 시도해본다는 정신이 기본적인 영업 자세라는 생각이 듭니다. '영업은 거부당하고 나서부터가 시작'이라는 말이 있잖아요. 실낱 같은 끈이지만 정 대리처럼 친구

의 친구가 고객이 되어주는 경우가 있으니까 평소 부지런히 명함을 주고받을 필요가 있는 것 같습니다. 정 대리의 자세는 정말 훌륭합니다. 그런데 다른 분들은 평소 명함을 어느 정도 들고 다닙니까?

강신라 과장 : 저는 20장 정도 들어가는 얇은 명함 지갑을 가지고 다닙니다.

박부여 과장 : 저는 한 박스, 그러니까 100장 정도.

정가야 대리 : 저도 100장 정도.

최경주 주임 : 저도 그 정도 들고 다닙니다.

한백제 리더 : 정작 필요할 때 소지하고 있는 명함이 떨어지면 곤란하죠. 명함은 영업에 없어서는 안 되는 필수품이니까 많이 들고 다니도록 합시다. 그리고 회사 팸플릿은 얼마나 가지고 다니고 있어요?

강신라 과장 : 대개 그날 방문할 예정의 인원수만큼 들고 다닙니다.

한백제 리더 : 다른 분들은 어떤가요?

박부여 과장 : 적어도 10세트 정도는 들고 다녀야겠죠. 만일을 위해서요.

정가야 대리 : 저도 10세트 정도 들고 다닙니다.

최경주 주임 : 저는 20세트입니다. 체력에는 자신이 있으니까요.

한백제 리더 : 20세트라고? 대단하네요. 여하튼 꼭 필요할 때를 대비해서 좀 더 많이 준비해서 들고 다니는 게 좋겠습니다.

강신라 과장 : 저는 반성할 점이 많네요. 명함도 그렇고 팸플릿도 그렇고, 평소 제가 들고 다니는 양이 너무 적은 것 같습니다.

한백제 리더 : 강 과장에게 도움이 되었다니 다행입니다.

한백제 리더 : 최 주임, 최 주임에게도 박 과장과 정 대리의 이야기가 도움이 되었죠? 그런데 신규 고객은 어떻게 개척하고 있어요?

최경주 주임 : 저는 돌방('돌연 방문'의 준말로 미리 알리지 않고 무작정 찾아가는 영업 기법)에 집중하고 있습니다. 소개 영업이나 명단 확보도 해보았지만, 제가 생각하기에는 준비된 만남보다 "잘 부탁합니다" 하면서 직접 몸으로 뛰는 게 효과가 있는 것 같습니다. 거절당해도 열심히 부닥쳐서 반응을 보는 게 좋습니다. 끝나고 나면 오늘도 뭔가 해냈다는 기분도 들고.

("대단하군!" 하며 인정, 칭찬하는 소리와 함께 모두가 웅성거린다.)

한백제 리더 : 대단한 생각인데, 하루에 돌방을 몇 건 정도나 하고 있어요?

최경주 주임 : 80건 정도입니다.

한백제 리더 : 와, 굉장하군요! 옛날에 그런 방식으로 실적을 올렸다는 이야기는 들어봤지만, 최 주임이 현대판 주인공인 줄은 몰랐네요. 게다가 매달 목표를 달성해오고 있으니 정말 훌륭합니다. 박수 한번 보내주시죠.

한백제 리더 : 그런데 강 과장은 하루에 돌방을 몇 건 정도 하고 있어요?

강신라 과장 : 저는 돌방이 아니라 단골 고객만 2~3명 정도 찾아다니고 있습니다.

(강신라 과장이 위축된 듯 작은 목소리로 대답한다.)

한백제 리더 : 그래요? 하긴 강 과장과 최 주임은 커리어가 다르니

까 최 주임의 방식이 바로 강 과장에게도 맞는다고 할 수는 없을 거예요. 돌방을 해본 적은 있습니까?

　강신라 과장 : 신입사원 연수 때 해본 적은 있습니다. 명함을 받아 모으는 게 과제였는데, 기껏 모아봐야 하루에 30장 정도가 전부였습니다.

리더는 신규 고객을 확보하는 방법에 대한 질문으로 막연한 고민을 풀어가고 있다. 이를 통해 평소의 인맥 쌓기가 중요하다는 교훈을 이끌어내고 있다.

회사 내 그룹 코칭에서는 팀원들의 강점과 개성, 전문 분야에 어울리는 질문을 던지는 것이 중요하다. 잊지 말아야 할 것은 누구에게 질문을 하든 강신라 과장을 위한 코칭이라는 사실을 염두에 두어야 한다는 것이다.

여기서는 리더가 전체 질문을 던져 강 과장에게 잘못된 영업 태도를 넌지시 일깨워주고 있다. 이것은 직접 지적하는 것보다 훨씬 더 효과적이다. 이를 '동료 압박(peer pressure)'이라고 하는데, 해당 팀원은 이 같은 동료 압박으로 긍정적인 자극을 받아 자신의 행동을 개선하게 된다.

질문하는 방식에도 유의할 필요가 있다. 뒤로 갈수록 일반적이고 보편적인 질문으로 확대해가는 것이 중요하다. 범위를 넓혀서 포괄적으로 질문하면 나중에 말하는 사람은 이미 앞에서 언급된 내용을 되풀이할 수 없으므로 자기만 알고 있는 정보를 자연스럽게 공개하게 된다. 그렇게 해서 '돌방'이라는 최경주 주임의 영업 방법도 노출된 것이다. 하지만 강신라 과장에게는 상황을 간단히 확인하는 정도로 그치고 있다. 스스로 참고할 것과 하지 않아도 될 것을 구분할 수 있게 해주는 것이다.

실행 과제(Will) 도출과 확인

한백제 리더 : 강 과장, 다른 멤버들의 이야기를 듣고 어떤 생각을 했어요?

강신라 과장 : 돌방은 제 스타일에 안 맞는 것 같습니다. 버스나 지하철 안에서 갑자기 명함을 들이대는 것은 아무래도 어렵겠다는 생각이 듭니다.

한백제 리더 : 그럴지도 모르죠, 그래서 어떤 방식을 시도해보려고 합니까?

강신라 과장 : 역시 통일상공회의소 전무님부터 공략해보는 것이 좋겠습니다. 이전부터 전화를 걸어봐야겠다고 생각하면서도 계속 능장을 부리고 있었습니다.

한백제 리더 : 그래요? 그런데 무엇이 강 과장을 망설이게 하고 있죠?

강신라 과장 : 자수성가로 회사를 일으킨 사람이니까 제가 가면 문전박대를 하지 않을까, 아예 상대도 해주지 않으면 어쩌나 하는 생각이 들어서….

한백제 리더 : 그래요? 그래도 전무님을 떠올린 일은 잘한 것 같아요. 강 과장과 전무님을 엮어줄 수 있는 뭔가 공통되는 점을 찾아보면

어떨까요?

강신라 과장 : 저와 고교 동문이고, 마술동호회 선배이기도 합니다.

한백제 리더 : 그래요? 다행입니다. 그렇다면 한번 시도해보죠. 최근에 이런 마술을 배웠는데 한번 봐달라고 하던가, 한 수 배우겠다고 하면 되잖아요.

강신라 과장 : 그런 식으로 접근해도 괜찮을까요?

한백제 리더 : 괜찮다마다요. 어떤 식으로 하건 관계를 맺어두는 게 이기는 방법이니까요. 혹시 다른 분들 중에 나는 이런 식으로 관계를 맺었다 하는 경험을 가진 분이 있나요?

최경주 주임 : 저는 영어회화 학원에서 같은 반에 있던 분들이 단합해서 고객이 되어주신 적이 있어요.

한백제 리더 : 그래요? 좀 더 자세히 이야기해보세요.

최경주 주임 : 학원에 다닐 때 서로 닉네임을 부르면서 가깝게 지냈어요. 지금도 그분들과 만날 때는 서로 닉네임을 쓰고 있습니다.

한백제 리더 : 그래요? 닉네임으로 경계심을 풀고 관계도 가까워졌다는 말이네요. 의외로 괜찮은 방법이라는 생각이 드는데, 강 과장도 뭔가 느낀 게 있을 것 같군요.

강신라 과장 : 저도 학원에서 배우는 게 있긴 한데, 좀 별난 것들이라서….

한백제 리더 : 그래요? 그러면 그건 그 정도로 하지요. 우선은 전무님이 마술동호회 선배시니까 든든한 힘이 되어준다면, 다음 달에 괜찮은 결과를 기대할 수도 있겠군요.

강신라 과장 : 예, 열심히 노력하겠습니다.

한백제 리더 : 끝으로 박부여 과장, 정가야 대리, 최경주 주임이 오늘 그룹 코칭에 참가하면서 느끼고 생각한 바를 각자 한마디씩 해보도록 하지요.

박부여 과장 : 강 과장의 이야기를 들으면서 중국고전연구회에서 아직 말도 건네지 않은 잠재고객이 있다는 것이 생각났습니다. 한 번 더 멤버들을 살펴보도록 하겠습니다.

한백제 리더 : 좋아요. 이때 박 과장이 착안해야 할 사항은 무엇일까요?

박부여 과장 : 전대인 사장님이 쓰신 책이 막 출간되었습니다. 그 책을 사 들고 가서 잠재고객에게 선물하는 것도 한 가지 방법이 되겠다고 생각합니다.

한백제 리더 : 괜찮은데, 꼭 그렇게 한번 해보세요. 정 대리는 어때요?

정가야 대리 : 저는 최 주임이 하루에 돌방을 80건이나 하고 있다는 말에 깜짝 놀랐습니다. 저는 80건은 못하더라도 신규 고객을 개척하는 차원에서 저의 영역에서 돌방에 도전해보려고 합니다.

한백제 리더 : 그렇군요. 그럼 열심히 해보도록 하세요. 최 주임은요?

최경주 주임 : 저는 그동안 돌방만 하고 있었는데, 생각해보니 고등학교 선배나 조기축구 회원 등 아직 개척하지 않은 잠재고객들이 있습니다. 그쪽으로 시도해볼까 합니다.

한백제 리더 : 최 주임의 능력이라면 충분하다고 생각해요. 오케이! 그럼 오늘은 여기서 마무리하도록 하겠습니다. 여러분의 적극적인 참여와 의견 개진에 감사합니다. 힘차게 박수를 치면서 마치겠습니다. 짝짝짝.

리더는 팀원들에게 다양한 아이디어를 내놓게 하여 강신라 과장에게 가장 적합한 전략을 선택하게 하고 있다. 그리고 마무리 단계에서 모두와 피드백을 주고받고 있다.

여기서 주목할 부분이 바로 멤버들의 의식 변화와 의지력 제고다. 다른 팀원의 이야기를 들으면서 소개 영업의 장점을 깨닫고, 신규 고객을 개척할 영역을 새롭게 발견하기도 하고, 돌방을 시도해보겠다는 의지를 보인다.

애초에는 강신라 과장을 위해 시작한 그룹 코칭이지만, 팀원들의 적극적 참여와 다양한 아이디어 제기로 기대 이상의 발전적 성과를 가져왔다는 것을 알 수 있다.

그룹 코칭 이후 조직의 변화

그룹 코칭을 하면서 리더의 역할에 큰 변화가 일어났다. 이전에는 일대일로 지시하거나 조언, 충고하여 팀원들의 생각을 제한시켜왔는데, 효과적인 질문을 통해 팀원들 스스로 생각하고 움직이는 힘을 이끌어내어 자발성과 창의성을 크게 신장시키게 되었다. 또한 리더에게 여유가 생겼다. 그룹 코칭 도입 이후 의사소통 시간이 일대일 면담에 비해 거의 절반 수준으로 줄어들면서 시간적 여백이 생겼다.

한편 팀원들은 모두가 함께 모여 문제를 해결해나감으로써 심리적 안정감을 얻게 되었고, 리더의 질문에 답하면서 표현력과 커뮤니케이션 능력이 향상되었다. 그리고 개인 위주의 성과 향상 노력에서 팀 성과를 중시하는 관점의 전환이 일어나면서 집단지성에 의한 시너지 효과를 즐기게 되었다. 이 모든 것이 그룹 코칭의 긍정적 효과가 일으킨 변화라고 할 수 있다.

이럴 때 어떻게?

그룹 코칭이 진행되는 동안에는 예기치 못한 상황이 발생하여 코치를 당황하게 만들 수 있다. 이런 상황에서 코치는 흥분하거나 흐트러지지 말고 지혜롭게 대응할 수 있어야 한다.

다음은 그룹 코칭 도중에 일어날 수 있는 상황들을 예상하여 그에 대한 적절한 대응 방법을 정리한 것이다.

그룹 코칭 참가자가 코칭스킬을 가르쳐달라고 할 때

- 요청의 의도와 배경을 파악한다.
- 어떤 코칭스킬을 원하는지 구체적으로 확인한다.
- 가르치기보다 그 자리에서 직접 그 코칭스킬을 경험하도록 한다.
- 도움이 되는 자료를 제공한다.

- 요청사항을 과제로 제시한다.

그룹 코칭 참가자가 초점 없는 이야기로 중언부언하거나 방향을 벗어날 때

- 명확하게 말해줄 것을 요청한다(좀 더 구체적으로 말씀해주시겠어요?).
- 한 문장으로 요약해달라고 요청한다(한 문장으로 간략히 표현하신다면?).
- 긍정적인 의도를 읽고 인정해준다.
- 코칭 어젠다와 어떤 관련이 있는지 물어본다.
- 발언 시간에 제한을 두고 타임 키퍼를 활용한다.
- 더 이상 관심을 두지 않고 자연스럽게 다음 주제로 넘어간다.

그룹 코칭 참가자가 다른 참가자의 의견을 비난할 때

- 인정하기, 칭찬하기 등의 그라운드 룰을 상기시킨다. 그라운드 룰을 상기시키면 다른 사람을 비난하는 자신의 행위를 자각하고 자제력을 발휘하게 된다.
- 비난하는 사람의 긍정적인 면을 인정해준다. 자신에 대한 인정 욕구가 결핍된 사람일수록 다른 사람을 비난하기 쉬우므로 코치가 그러한 인정 욕구를 충족시켜줌으로써 중립적이거나 긍정적인 시각으로 전

환되도록 도울 수 있다.

- 비난하는 사람의 의도를 긍정적으로 재해석해준다. 비난의 이면에는 어떤 긍정적인 의도가 있기 마련이다. 예를 들어 '책임감이 없다'고 비난할 경우 '책임지는 것이 중요하고, 자신은 책임감 있는 사람이 되기 위해 노력하며, 다른 사람이 책임을 다하도록 무언가 하고 싶다'는 뜻으로 재해석해줄 수 있다. 사람은 자신의 의도를 긍정적으로 재해석해주면 그것을 '진짜'로 받아들이고 이를 살리기 위해 기꺼이 자신의 인식을 전환하게 된다.

- 휴식 시간을 이용하여 다른 사람을 비난하는 행위가 그룹 코칭에 미치는 부정적인 영향을 말해준다. 특별한 생각 없이 또는 평소 가지고 있던 부정적인 감정을 비난이나 폄하의 표현으로 드러내는 참가자가 있는데, 따로 만나 비난의 부정적 측면을 이야기해주고 중단할 것을 요청하면, 다른 참가자들에게 나쁜 인상을 주지 않으려고 보통은 자제하게 된다.

그룹 코칭 참가자 중에서 한두 사람이 지배적으로 말하려고 할 때

- 정해진 그라운드 룰을 상기시킨다.
- 말을 많이 한 사람이 차지한 시간을 측정하여 알려준다(쉬는 시간에 따로).
- 말이 없었던 사람에게 말할 기회를 제공한다.
- 첫 세션에서 말하는 스킬을 함께 학습한다.

- 타임 키퍼를 활용한다(말이 많은 사람을 타임 키퍼로 지정한다).
- 대화 독점이 가져오는 부정적 영향에 대해 함께 이야기하게 한다.

그룹 코칭 참가자가 토의에 수동적으로 임할 때

- 수동적으로 참여하는 이유가 무엇인지를 파악한다.
- 모두가 동등한 발언 기회를 가질 수 있도록 토킹 스틱(Talking Stick)을 사용한다.
- 다음 세션에 주도적인 역할을 부여하여 참여 기회를 높인다.
- 적극적으로 이야기할 때 공감하고 인정, 칭찬을 해준다.
- 파트너와 짝을 이루어 상대방을 대신해서 이야기를 나눌 수 있게 한다.
- 때로 대답하기 쉬운 주제를 주어 참여도를 높인다.

그룹 코칭 참가자가 지속적으로 시간 약속(시작 시간)을 잘 지키지 않을 경우

- 그라운드 룰에 시작 시간 엄수를 포함한다(지각하면 참가자들에게 식사를 대접하는 등의 벌칙을 주거나, 지각생 때문에 시작이 늦어지면 그 시간만큼 늦게 끝나는 것으로 정하거나, 지각이나 결석 횟수가 몇 회를 넘어가면 처음부터 다시 시작한다 등).
- 하루 전에 이메일을 보내고, 당일 3시간 전에 전화나 메시지를 보

낸다. 코치나 팀원이 이 방법을 사용하여 그룹 코칭 시간을 상기시킨다.

- 시작 시간을 지킬 수 있는 방법에 대해 참가자들이 함께 논의한다.
- 일대일 코칭을 한다(자기 시간과 남의 시간에 대한 중요성을 스스로 어떻게 인식하고 있는지 등).

그룹 코칭 참가자가 과제 수행을 안 해온 경우

- 하지 않은 상황에 대해 중립적으로 물어보고 어떤 어려움이 있었는지 파악한다.
- 다음 번에는 과제를 어떻게 하면 잘할 수 있는지 질문해서 답하게 한다.
- 당신이 코치라면 이런 경우 어떻게 할 건지 물어본다.
- 안 하고 나서의 기분이 어떤지 물어본다.
- 안 했는데 했다고 애매하게 발표할 경우 다음 번에는 좀더 분명하게 공유해주도록 요청한다.

그룹 코칭 참가자들 사이에 갈등이 있을 때

- 상호 인정의 장을 마련하여 서로의 강점을 이해하고 수용하는 기회를 갖는다. 이 경우 여러 가지 도구를 활용할 수 있다(돌아가며 칭찬샤워 시간을 갖거나, 각자의 업무를 소개하고 돌아가며 인정하는 시간을 갖는 등의 방법을 활용해볼 수 있다).

- 갈등의 원인을 파악하여 해결 방안을 모색해본다.
- 무시하고 모르는 척하면서 세션을 진행하는 방법도 있다.
- 참가자들 사이의 공통점 찾기 노력 등을 통해 상호 이해와 화합의 장을 마련한다.
- 세션과 세션 사이에 갈등 당사자들을 개별적으로 접근하여 원인과 해결 방안을 찾아본다.

일정 합의가 안 될 때

- 처음부터 일정을 모두 정해둔다.
- 일정의 마감 기한을 말하고 자율적으로 정하도록 한다.
- 합의를 못하게 한 원인 제공자에게 주도적으로 일정을 정할 수 있게 한다.

그룹 내에 래포 형성이 잘 안 될 때

그룹 코칭 초반에는 코치와 참가자들 그리고 참가자들 사이에 마음을 열고 친밀감을 형성하는 것이 중요한데, 이를 '래포(rapport)'라고 한다. 래포 형성은 이후에 솔직한 대화를 나누고 서로 지지하는 협력관계를 만드는 데 필수적이다. 초반에 래포 형성이 잘되지 않을 때는 코치가 다음과 같은 방법으로 촉진할 수 있다.

- 그룹 차원에서 서로를 인정, 칭찬하는 시간을 갖는다. 각자 메모지에 다른 참가자들의 장점을 적게 해서 돌아가며 읽어주거나 서로 표현하게 하면 분위기가 좋아지고 상호 신뢰를 형성하는 데 도움이 된다.
- 비밀을 유지한다는 원칙을 분명히 강조하면서 솔직한 대화가 되도록 이끈다.
- 그룹 코칭에 기대하는 바를 터놓고 이야기하면서 공통의 목표를 확인하는 것도 신뢰와 래포 형성에 큰 도움을 준다.
- 세션을 시작할 때 간단한 아이스 브레이킹 활동을 하면 래포가 형성될 수 있다. 이때 쓸 수 있는 주제로는 다음과 같은 것들이 있다.

나(우리 가족)에게 있었던 굿 뉴스 발표하기 / 나의 꿈 말하기 / 살면서 가장 힘들었던 경험, 가장 감동적이었던 순간을 나누게 하기 / 나에게 가장 큰 영향을 끼친 사람에 대해 이야기하기 / 칭찬 폭포 하기(한 사람을 세워놓고 돌아가면서 빠르게 그 사람에 대한 칭찬의 말을 쏟아내는 것)

- 그룹 코칭 초반에 두 사람 또는 세 사람씩 짝을 지어 상호 인터뷰를 하게 한다. 인터뷰 내용은 가장 자부심을 느낀 경험에 대한 것으로 하여 자연스럽게 그 사람의 장점을 공유하게 한다.
- 그룹에서 자기소개를 할 때 두 사람이 상호 인터뷰를 하게 한 후한 그룹원의 소개를 파트너가 하도록 한다. 이때 파트너는 최대한 호감이 가게 소개해주기 때문에 좋은 분위기가 연출될 수 있다.
- 코칭이 끝나고 함께 식사를 하는 것도 좋은 방법이다. 경우에 따라

서는 볼링, 스크린골프 등 참가자들이 좋아하는 활동을 함께하는 것도 좋다.

- 마스터 마인드 그룹 활동을 실시한다. 한 사람이 자신이 고민하는 주제를 꺼내놓고 솔직하게 얘기하면, 다른 참가자들이 바로 자신이 생각하는 해결책을 메모지에 적는다. 여기에는 제안, 조언, 질문, 격려 등 그 사람에게 도움이 되는 것이면 무엇이든 쓸 수 있다. 그런 다음 돌아가면서 메모 내용을 읽어주고 주인공에게 이를 선물로 준다. 주인공은 이에 대해 답변하거나 토론할 필요가 없고, 다만 감사를 표현한다. 이런 활동은 그룹으로서의 정체성을 높이고 래포를 형성하는 데 효과적이다.

그라운드 룰을 지키지 않을 때

- 참가자 전원이 함께 만든 그라운드 룰을 명기하여 잘 보이는 데 붙여둔다. 참가자들이 수시로 그 내용을 확인하게 되고, 그라운드 룰을 모두가 지켜야 하는 공동의 약속으로 느끼게 된다.
- 매 세션 초기에 그룹 코칭 목표와 그라운드 룰을 검토하고 환기시킨다. 특히 세션 간의 시간적 공백이 길 때는 다음 세션 초기에 다시 한 번 그라운드 룰을 환기시킴으로써 모든 참가자들이 그라운드 룰의 내용을 더욱더 명심해서 지킬 수 있도록 한다
- 별다른 생각 없이 본인이 그라운드 룰을 지키지 않고 있다는 사실을 간과하는 참가자에게는 쉬는 시간을 이용하여 그라운드 룰을 지키지 않음으로써 그룹 코칭에 미치는 영향을 말해준다. 만약 참가자가 사

실을 알고 있다면 그가 그라운드 룰을 지키지 않아 생기는 부정적 영향을 이야기하면서 잘 지켜줄 것을 요청한다.

갑자기 일정 변경을 해야 하는 상황일 때

- 최대한 그라운드 룰에 따라 일정을 준수한다.
- 정 안 되면 그룹 코칭 참가자들끼리 협의해서 시간을 조정하도록 한다.
- 이때 주의할 점은 일정을 변경하게 만든 당사자들에게 코치가 좋지 않은 감정을 갖지 않고 평정심을 유지하는 것이다. 불가피하게 일정을 변경할 수밖에 없는 고충이 있을 것이라는 마음을 가지는 것이 중요하다.

부정적인 참가자 또는 냉소적인 참가자가 있을 때

그룹 코칭 세션 중에는

- 다른 참가자와 논쟁하지 않도록 세심한 관심을 가지도록 한다.
- 적극적으로 말과 행동에 대해 감정과 욕구, 의도를 읽어준다.
- 최대한 토의에 참여할 수 있도록 유도한다.
- 세션을 시작할 때 칭찬샤워나 긍정카드 등을 활용하여 그룹의 긍정적인 분위기를 유지할 수 있도록 한다.

세션과 세션 사이에는

- HRD 담당자에게 참가자의 상황과 배경을 물어본다.

- 참가자와 일대일 코칭을 시도한다.

- 많은 노력에도 불구하고 계속될 경우 HRD 담당자와 의논한다.

그룹 코칭의 역동성을 경험하다

2012년 6월 13일, 15명의 코치들이 코칭경영원에 모였습니다. 나이도 다르고 배경도 다르지만 코칭을 사랑하는 마음은 하나였습니다. 뜻을 함께한 첫 모임에서 '코치시대'라는 유쾌한 모임 이름을 정하고, 각자의 역할을 나누며 앞으로 함께 성장하자고 약속했습니다. 그리고 우리 모임의 성과물로 책을 한 권 쓰기로 했습니다.

우리는 함께 공부하고, 삶의 배움을 나누고, 코칭 현장에서 겪은 경험을 모았습니다. 자신의 배움을 나눔으로써 삶은 더욱 깊어졌고, 동료들의 지혜를 받아들이며 우리의 삶은 더욱 확장되었습니다. 만남을 거듭하며 서로에게 연결되고, 서로를 배우며 함께 성장했습니다. 그렇게 반년 동안 코치시대 모임이 단단하게 유지되면서 함께 쓰기로 한 책에 대해 다시 진지한 고민을 하게 되었습니다.

코칭에 대한 관심이 많아지면서 코칭 개론서와 개인적인 코칭 경험을 다룬 도서가 많이 출간되고 있습니다. 코칭이 대학에서 하나의 학문으로 자리를 잡아가고 있는 것도 매우 고무적입니다. 하지만 아직 코칭계는 기업이 원하는, 보다 경제적이고 효과적인 인재 육성 방법에 대한 요구 속도를 따라가지 못하고 있습니다. 우리 코치시대 멤버들도 처음 그룹 코칭을 할 때 배우고 참고할 만한 자료나 경험치가 절대적으로 부족했습니다. 그래서 그룹 코칭에 대한 우리의 경험과 노하우, 연구 결과를 매뉴얼로 만드는 것이 큰 의미가 있을 것이라는 데 의견의 일치를 보았습니다. 그리고 각자 역할을 나누어 글을 쓰고 다듬으면서 책 전체에 모두의 영향력이 녹아들어가도록 했습니다.

모임 시작 후 1년이 된 6월의 어느 날, 우리는 성북동 효재에 모여 하루 종일 함께 읽고 먹고 이야기했습니다. 주제별로 모두의 의견을 공유하여 내용의 완성도를 높이는 작업을 했습니다. 그날 우리는 일이 즐거움이 되고 즐거움이 성과가 되는 뜻깊은 경험을 했습니다.

이제 돌아보니 우리가 함께한 그 모든 과정이 바로 '그룹 코칭'이었습니다. 코치시대는 책 쓰기 프로젝트를 진행하며 그룹 코칭 자체를 경험하며 행복했습니다. 15명 각각이 혼자였다면 도저히 이루지 못할 일을 함께 해냈다는 점, 게다가 각자의 몫을 단순히 더한 것보다 큰 시너지를 이룬 결과를 확인하며 그룹 코칭의 역동성에서 나오는 효과를 실감했습니다. 따라서 이 책은 코치시대 15명이 그룹 코칭을 통해 만들어낸 집단 지혜의 결과물이라고 할 수 있습니다.

코치시대의 코치들은 코칭에 대한 이론 연구와 함께 현장에서 직접 코칭을 실행하는 사람들입니다. 마땅한 안내서가 없는 상태에서 함께 이 책을 쓰느라 어려움도 많았습니다만, 동시에 큰 보람과 자부심을 느낄 수 있었습니다. 저마다의 지식과 경험을 총동원하여 그룹 코칭의 개념과 프로세스에 대한 이론적인 측면은 물론 현장에서 사용하는 코칭 기술과 도구를 풍부한 실제 사례와 함께 설명했습니다. 코칭 관계자는 물론 가정, 학교, 기업 등의 모든 조직에서 성과와 관계 사이에서 고민하는 모든 분들에게 우리의 작은 씨앗이 효과적으로 작동할 것을 믿고 기대합니다.

코치시대는 이 책이 완성이라 생각하지 않습니다. 다만 이 책을 시작으로 더 많은 논의와 연구와 진정한 실행이 이어져 우리 사회 전체에 밝고 따스한 기운이 더해지기를 소망합니다.

이 책이 나오기까지 많은 분들의 도움을 받았습니다. 특별히 코칭경영원에 고마움을 표합니다. 코칭경영원 덕분에 이 모임이 생겨났고, 이 책도 태어날 수 있었습니다. 또한 이 책이 우리가 알고 있고, 또 앞으로 알게 될 모든 분들의 덕으로 만들어짐을 알기에 깊은 고마움과 사랑을 전합니다.

코치시대 일동

고현숙 코치

리더십과 코칭 등 HRD 분야에서 근무(한국리더십센터 대표, 한국코칭센터 대표 역임)하며 실무 경험을 쌓았고, 삼성전자, 현대자동차, 두산, SK, CJ 등 대기업과 듀폰, 화이자 등 글로벌 기업 경영자들을 코치해온 한국의 대표적 경영자코치다. 현재 코칭경영원의 대표코치이자 국민대 경영학부 교수로 연구와 교육, 코치 양성에 힘쓰고 있다.

김무환 코치

직장생활(삼성전자, 외국계 기업, 두산그룹)을 하다가 스스로의 개성을 존중하며 살아야겠다는 생각으로 과감히 조직생활을 청산하고 코치로서의 새로운 삶을 시작했다. 고전과 심리학에 관심이 많아 사서삼경을 비롯한 관련서들을 꾸준히 읽고 있으며, 코칭을 통해 사람들을 행복하게 하는 일에 힘쓰고 있다

김해동 코치

CJ에서 제일제당 식품부문장 겸 영업총괄, 헬로비젼 대표, 해찬들 경영총괄, 엠디원 대표를 역임했다. 30년 이상의 기업 경험을 바탕으로 지금은 코칭경영원의 파트너 코치와 대한상공회의소 중소기업 자문위원으로 활동하고

있다. 대기업의 임원과 팀장, 중소기업 CEO등을 대상으로 개인과 조직의 성장·행복·변화를 코칭하면서 큰 보람을 느끼고 있다.

민은홍 코치

오랜 기간 NGO에서 정책 개발 담당으로 일하다가 과학창의 전문 기업으로 자리를 옮겨 책임연구원으로 활동했다. 개인과 조직이 함께 성공하고 변화하는 세상을 꿈꾸며 코칭을 시작한 이후로 삼성화재, 두산, KT, SK텔레콤, GE Korea, LG이노텍, 경농, OCI, 에바다장애인자립생활센터, 푸른교실&아름다운학교 등 기업과 NGO의 경영자와 팀장들을 코칭해왔다. 전략적 의사결정과 혁신에 큰 관심을 두고 있다.

박현주 코치

지난 25년간 글로벌 리더 기업인 GEP(General Electric Plastics)에 이어 글로벌 종합화학회사인 SABIC에서 인사 부문을 이끌어오고 있다. 인재 경영에 대한 풍부한 경험과 노하우를 가지고, 도전적이고 긍정적인 조직 행동의 변화를 추구하며, 전략적 비즈니스 파트너로서의 역할을 수행하고 있다. 항상 '사람'과 '소통', '도전', '변화'에 초점을 두면서, 사람들이 자기 성찰을 통해 도전과 긍정적 변화를 이루어내고, 그 변화가 자신의 지속적인 성장과 충만감을 가져올 수 있도록 지원하는 인생의 '마중물' 같은 코치가 되고자 오늘도 최선을 다하고 있다.

서유순 코치

글로벌기업 듀폰과 라이나생명에서 30여 년간 인사 부문을 리드하며 조직과 사람에 대한 다양한 경험을 쌓았다. 변화와 도전, 성취, 치열함, 그리고 쉼 없는 배움의 연속이었다. 가장 큰 배움은 사람에 대한 소중함과 존중, 무한한 신뢰였다. 충만함과 감사함 속에 인생 1막에서 은퇴를 하고 코치시대를 만나 힘차게 인생 2막을 시작했다. 새롭게 시작한 시그나사회공헌재단과 전문 코치의 길을 가며 나눔의 가치 실현과 사람들의 성장을 돕는 코칭으로 세상을 아름답게 만드는 일에 열중하고 있다.

선현주 코치

30년간 여러 회사(한국화약그룹, 엑손모빌, 고려대학교, 저축은행)와 함께했으며, 해외(캐나다, 싱가포르)에 나가 공부하고 일도 했다. 2년 전 어려운 상황에서 시작한 코칭 공부 덕분에 배움의 즐거움을 누리며 살게 되었다. '개인의 선택'에 초점을 맞추어 고객이 '좋은 선택'을 하도록 돕는 코치가 되려고 노력 중이다.

오무철 코치

군(해군)생활과 직장(포스코)생활을 오래 했고, 많은 시간 일본 공부에 빠져 지냈다. 뒤늦게 다시 배움의 길(교육학 박사)로 들어서 학생들과 행복한 수업을 만들어가고 있으며, 코칭, 리더십, 평생교육, 교육사회학에 관심을 두고 관련 활동을 통해 사람들을 행복하게 하는 데 심혈을 기울이고 있다.

오철숙 코치

베이비부머 시대에 맏언니로 태어나 결혼 10년 동안은 전업주부로, 그후 20년 동안은 글로벌 기업의 인사 전문가에서 임원으로 남다른 삶을 살았다. 그간의 경험을 바탕으로 지금은 리더를 성장시키는 행복한 코치로서 인생 이모작을 야무지게 해나가고 있다. 지지와 연민과 공감에 탁월한 코치로 더욱 성장하기를 꿈꾼다.

존 윤 코치

미국 맨해튼과 일본 도쿄의 글로벌 로펌에서 국제변호사로 일했으며, 세계 최대 로펌 베이커 앤 맥킨지(Baker & McKenzie) 도쿄사무소의 인재육성 책임자로 5년간 재직하면서 수백 명의 다국적 변호사들에게 코칭과 트레이닝 자료를 영어, 일본어로 제공했다. 2006년부터 기업의 오너와 임원, 변호사, 헤

지펀드 매니저 등의 사업가나 전문가들을 글로벌 리더로 육성하는 코칭을 실시했다. 인적 네트워킹, 리더십, 협상의 전문가이자 세계 최대의 리퍼럴마케팅회사인 BNI의 한국 대표로서 100여 곳의 중소기업, 소상공업체와 협력하여 비즈니스를 키우는 공동체를 코칭하고 있다. 고객사로 두산, 아산나눔재단, POSCO, 법무법인 태평양, 서울대 글로벌MBA, 오리콤, 두산베어스 등이 있다.

이한주 코치

공학과 상담학을 공부했으며, 기업을 경영하면서 직원들이 서로 도우며 함께 성장하는 행복한 일터로 만들기 위해 심혈을 기울였다. 사람과 관계를 소중히 여기는, 부드러움 속에 힘이 있는 전문 코치로 코칭과 강의에 전념하며 사람들이 주도적인 삶과 건강한 관계로 행복을 누리도록 힘쓰고 있다.

최성학 코치

치열하게 살아온 삶 속에서 비움과 나눔의 행복을 발견하고 이를 실천하는 삶을 살고자 노력하는 욕심쟁이. 사람은 누구나 스스로 변하고 성장할 수 있는 소중한 존재임을 철석같이 믿는 어진 배움 나눔터의 으뜸 터지기.

최재호 코치

삼양그룹에서 40년간 화학 분야의 생산, 연구, 판매, 기획, 해외사업 등을 두루 체험했다. 삼양사 부사장을 지냈으며 2013년 현재 삼남석유화학 대표이사 사장으로 재직 중이다. 한국코치협회 전문 코치, 국제코치연맹 전문 코치(PCCC), 코칭경영원 파트너 코치로서 'CEO를 원하는 자, 먼저 코치가 되어라'라는 모토 아래 코칭형 리더 육성에 열정을 다하고 있다. 클라이언트의 강점을 끌어내어 자신의 성공 모델을 스스로 디자인하고 달릴 수 있게 지원하는 특이한 에너자이저다.

한상욱 코치

글로벌 기업에서 근무했고, 16여 년간 이민생활을 경험했다. 이를 바탕으로 다양한 문화 배경을 가진 사람, 새로운 도전을 꿈꾸는 사람, 다른 변화를 원하는 사람에게 코칭을 제공하고 있다. 유쾌하고 재치 있는 '펀(Fun) 코칭'으로 고객의 에너지를 높이는 데 열심이며, 변화에 대한 무한 호기심을 행동으로 옮길 수 있게 도와주는, 영혼이 자유로운 코치다.

황영규 코치

미생물과 경영학을 전공하고, 글로벌 제약회사와 생명보험회사에서 세일즈

맨, 세일즈 트레이너, 그리고 세일즈 코치로 많은 경험을 쌓았다. 현재는 기업의 리더, 세일즈맨, 그리고 세일즈 리더 들을 조직에서의 성공과 개인의 풍요한 삶으로 안내하는 전략적 파트너로서 코칭과 강의 활동에 열중하고 있다.